Iris Rinkenbach ist Hypnosetherapeutin, Heilerin, Magierin und spirituelle Lehrerin. Sie leitet die Alrunia Mysterienschule (www.alrunia.de) und ist anerkannte Ausbilderin und im Team der Fachberater des Dachverbandes Geistiges Heilen e.V. Iris Rinkenbach hat bereits mehrere Bücher (teils als Co-Autorin) zum Thema Magie und Spiritualität veröffentlicht. Ihre Bücher zeichnen sich durch die praktische Umsetzbarkeit ihres Inhaltes aus, der von ihrem reichen Erfahrungsschatz zeugt.

In diesem Buch geht es um den bewußten Kontakt und die Kommunikation zwischen der Mutter und ihrem ungeborenen Kind. Monat für Monat bis nach der Geburt, begleitet die Autorin, selbst Mutter von vier Kindern, einfühlsam Mutter und Kind, indem sie Märchen, Engel, Mantras sowie umfangreiche spirituelle Praktiken vorstellt und viele praktische Tips aus der Naturheilkunde gibt.

Iris Rinkenbach

Schwangerschaft

Monat für Monat bewußt erleben

Stb

Das Buch erschien bereits 2003 im Schirner Verlag unter dem Titel:
Spirituelle Geburtsvorbereitung

ISBN 3-89767-534-X
Neue ISBN ab 2007: 978-3-89767-534-6

Umschlag: Murat Karaçay
Illustrationen: Stephan Faust
Lektorat: Ulrike Kerstiens
Satz: Elke Truckses
Herstellung: Reyhani Druck + Verlag, Darmstadt

www.schirner.com

Inhaltsverzeichnis

Erklärung

Verfasser und Verleger dieses Buches sind keine Ärzte und können deshalb keinen ärztlichen Rat geben, selbst wenn es in dem einen oder anderen der nachfolgenden Kapitel den Anschein haben mag.

Die mitgeteilten Gedanken, Methoden und Anregungen bieten keinesfalls Ersatz für das beratende Gespräch mit Ärzten, Heilpraktikern und Hebammen, wohl aber können sie dabei eine wertvolle Ergänzung sein.

Eine Haftung für etwaige Personen-, Sach- oder Vermögensschäden ist hiermit ausgeschlossen.

Widmung

Dieses Buch widme ich meiner geliebten Tochter Vanessa.

Unsere tiefste Angst ist nicht, daß wir unzulänglich sind, unsere tiefste Angst ist, daß wir unermeßlich kraftvoll und kreativ sind. Es ist unser Licht, was wir fürchten, nicht die Dunkelheit. Wir fragen uns: Wer bin ich denn eigentlich, daß ich leuchtend, hinreißend, begnadet und phantastisch sein darf? Aber wer bist du denn, daß du es nicht sein darfst?
Du bist ein Kind der Natur. Wenn du dich klein machst, dient das der Welt nicht. Es hat nichts mit Erleuchtung zu tun, wenn du dich klein machst, damit andere sich nicht verunsichert fühlen. Wir wurden geboren, um die Herrlichkeit unseres Schöpfers zu verwirklichen. Sie ist nicht nur in einigen von uns: Sie ist in jedem Menschen. Und wenn wir unser eigenes Licht erstrahlen lassen, geben wir unbewußt anderen Menschen die Erlaubnis, dasselbe zu tun.
Wenn wir uns von unseren Ängsten befreit haben, wird unsere Gegenwart ohne unser Zutun andere befreien.

(aus der Antrittsrede von Nelson Mandela, 1994)

Dank

Viele liebe hilfsbereite Menschen sind nötig, um ein Buch in die Welt zu setzen. So möchte ich mich bei meinem Verleger Markus Schirner bedanken, der meiner Arbeit vertraute und mir dieses Projekt erst ermöglichte. Meine Lektorin Kirsten Glück wurde einige Male in puncto Abgabetermin des Manuskripts vertröstet und war mir trotzdem stets freundlich gesinnt, obwohl sich dadurch natürlich auch ihr Zeitrahmen verkleinerte. Ohne meinen Mann Daniel wäre dieses Buch nicht möglich gewesen. Er inspirierte mich mit vielen Ideen, ermutigte mich, wenn ich unter einer Schreibblockade litt, und hielt mir den Rücken frei, indem er seine Arbeitsstelle für ein halbes Jahr kündigte, einige Klienten von mir übernahm, das Essen kochte und sich liebevoll um unsere Kinder kümmerte. Genauso intensiv unterstützte mich Stephan Faust: In vielen Besprechungen, die oft die Mitternachtsgrenze überschritten, versuchte er die Stimmungen meines Buches einzufangen, um sie in Bildern wiedergeben zu können, was ihm wunderbar gelang. Seine künstlerische Hingabe läßt mein Buch erst rund werden. Seiner Frau Karin ein herzliches Danke für die Geduld und für den Verzicht auf ihren Ehemann, den sie gerade in dieser arbeitsintensiven Zeit geheiratet hatte. Unser homöopathischer Arzt und Freund Bernhard Faust und seine ebenso kompetente Frau

Roswitha standen mir mit fachkundigem Rat zur Seite und opferten ihre knapp bemessene Freizeit für mich. Cornelia Schacher stopfte sich ihr T-Shirt mit einem Kissen aus und stellte sich vor, schwanger zu sein, während sie mein Manuskript las. Ihrer Anregung ist es zu verdanken, daß ich noch speziell auf Frauen mit Kaiserschnitt einging. Meine langjährige Hebamme Raphaela Gremminger nahm sich ebenfalls mein Manuskript mit nach Hause und überprüfte die Richtigkeit meiner Aussagen in bezug auf den Schwangerschafts- und Geburtsverlauf. Mein jüngster Sohn Noel (7 Jahre alt) inspirierte mich mit seinen Ideen zu meinen Märchen.

An meinen Kindern Sven, Vanessa, Melvin und Noel konnte ich wachsen. Nur durch sie war ich überhaupt in der Lage, dieses Buch zu schreiben.

All diesen lieben Menschen ein herzliches »Danke«!

Vorwort

Meine Mutter ist eine große Puppenliebhaberin und -sammlerin. Damit kompensiert sie wahrscheinlich den Verlust ihrer einzigen Puppe, die sie als Kind besaß. Damals hatten die Puppen noch Porzellanköpfe und waren sehr teuer. Meine Großmutter hatte lange sparen müssen, bis sie die Puppe dann schließlich kaufen konnte. Um die kostbare Puppe zu schonen, verschloß sie sie in ihrem Kleiderschrank, und meine Mutter bekam sie nur selten zu Gesicht. Sie liebte ihre Puppe über alles, und wenn sie mit ihr spielen durfte, kämmte sie ihr vorsichtig das Haar, band schöne Schleifen hinein und zog ihr ein hübsches Kleid an. Eines unglücklichen Tages rutschte die Puppe meiner Großmutter aus der Hand, und der Porzellankopf zerbrach auf dem harten Steinboden. Der Verlust konnte nicht mehr gutgemacht werden, denn bald darauf wurde die Familie meiner Mutter ausgebombt, sie verlor alles, was sie besaß. Jetzt ging es nur noch ums nackte Überleben.

Als ich klein war, überschüttete mich meine Mutter mit allen erdenklichen Puppen. Mein Kinderzimmer platzte aus allen Nähten. Zu ihrer Verwunderung verschwendete ich jedoch keine Minute damit, die Puppen zu kämmen und schön anzuziehen. Nein, ich zog sie aus und richtete ein Krankenhaus ein. Ich war nicht Puppenmama, sondern Ärztin. Meine Puppen waren bandagiert und gepflastert, bekamen Spritzen und Tabletten, und ihr Herz wurde abgehört. Zu dieser Zeit wurden im Fernsehen oft medizinische Sendungen und Operationen gezeigt. Als würde ein spannender Krimi gezeigt, saß ich mit meinem Vater vor dem Bildschirm und wollte alles wissen. Bald war es allen klar: Aus mir würde mal eine Ärztin werden.

Damals wurde unsere ganze Familie von Dr. med. Schwamm betreut. Er war ein ganz besonderer Arzt, denn er stellte seine Diagnosen mit der Wünschelrute und verschrieb dann homöopathische Arzneien. Aus ganz Deutschland und selbst aus Übersee kamen seine Patienten. Von ihm erlernte mein Vater das Muten, das Finden von Wasseradern und anderen Störfeldern, und sanierte von da an krank machende Schlafplätze.

Für mich waren Wünschelrute und Pendel, alternative Medizin, feinstoffliche Energien, das Programmieren des Unterbewußtseins alltägliche Dinge, die mich wie selbstverständlich umgaben. Auch meine Mutter beschäftigte sich mit derlei Themen, u.a. mit Wiedergeburt, autogenem Training und Yoga. An allem ließ sie mich teilhaben. Von allen Büchern, die sie darüber las, erzählte sie mir, bevor ich selbst das Lesen erlernte, und ich saugte alles in mich auf wie ein trokkener Schwamm. Ich erprobte an mir selbst, Schmerz aus dem Körper abzuleiten oder einfach zu ignorieren. Damals litt ich häufig unter starken Kopfschmerzen, die mir die Tränen in die Augen trieben, und hatte somit ein gutes Übungsfeld. Ich schaute mir im Fernsehen Berichte über Schamanen und Heiler an und fühlte mich immer etwas seltsam dabei. Was es war, konnte ich nicht richtig begreifen, es fühlte sich wie Heimweh an. Und dann, mit zwölf oder dreizehn, nahmen mich meine Eltern zu einem philippinischen Heiler mit, der in unseren Heimatort eingeladen war. Er operierte energetisch, was ich nun zum ersten Mal am eigenen Körper erlebte. Ich war beeindruckt. Noch mehr beeindruckte mich seine Frau, die ihm assistierte. Sie war hochschwanger. Damals dachte ich zum erstenmal daran, daß es möglich sein mußte, mit Hilfe von spirituellen Energien eine schöne Geburt zu erleben. Seinerzeit traute ich mich nicht, die Schwangere darauf anzusprechen, ich war ein sehr schüchterner und zurückhaltender Mensch. Aber die Saat war ausgebracht und konnte sich im Laufe der kommenden Jahre entwickeln.

Als ich mit siebzehn dem Ende meiner Schulzeit entgegensah, war mir klar, daß Ärztin nicht der richtige Beruf für mich war. Die Arroganz der Schulmedizin stieß mich ab. Ich wollte meine Spiritualität auch in meinen Beruf integrieren, und so dachte ich, es wäre ideal, als freiberufliche naturheilkundige spirituelle Hebamme zu praktizieren. Erst viel später entdeckte ich, woher diese Sehnsucht kam: In alten Zeiten waren es die weisen Frauen, die Kindern auf die Welt halfen und Menschen heilten, es waren die Schamaninnen, die Magierinnen.

In der Zeit, als ich als Praktikantin auf einer Geburtshilfe-Station arbeitete, stellte ich schockiert fest, daß die meisten Frauen völlig hilflos der Krankenhausmaschinerie ausgeliefert waren. Sie bestimmten nicht mehr selbst über ihren Körper und waren allesamt froh, wenn sie alles hinter sich gebracht hatten. Diesen Zustand wollte ich ändern, ich wollte die Frauen daran erinnern, welche Kraft und Macht sie einst besessen haben und wieder besitzen können, wenn sie es wollen. Doch die göttliche Vorsehung hatte andere Pläne mit mir. Meine Theorien über eine spirituelle Geburt sollte ich an mir selbst testen können: Ich wurde fünfmal schwanger, mein drittes Kind verlor ich im vierten Monat unter dramatischen Umständen.

Trotz Kindererziehung integrierte ich meine Spiritualität stets in den Alltag. Kabbalistische Übungen wurden oft mit dem Bügeln der Wäsche, Kochen mit dem Energetisieren der Nahrung, das Stillen der Kinder mit dem Übertragen von spirituellen Energien verbunden. So verlor ich nie den Bezug zur materiellen Welt, sondern lernte, beide Sphären harmonisch miteinander zu verbinden. Ich eröffnete ein kleines esoterisches Geschäft und fing an, andere Menschen zu beraten und ihre spirituellen Energien auszugleichen. In der Zwischenzeit begannen mein Bruder und ich, Seminare abzuhalten. Zuerst jeder für sich, dann gründeten wir 1994 unsere Mysterienschule Alrunia. Fast zur gleichen Zeit bekamen wir den Auftrag, gemeinsam Bücher zu schreiben, in denen wir unser Wissen und unsere Erfahrungen anderen Menschen mitteilen.

Mittlerweile sehe ich mich als Geburtshelferin für Mutter Erde, die nun in den Wehen liegt und dringend Hilfe benötigt.

Zweierlei Welten

Krankenhausgeburt

Die Wehen beginnen. Die Frau hat schon vor Tagen ihre Tasche fürs Krankenhaus gepackt. Sie ist nervös, verfolgt auf der Uhr die Dauer jeder Wehe. Bei zehnminütigem Abstand fährt sie mit ihrem Mann, der vor Aufregung beinahe die Gartenmauer demoliert, ins Krankenhaus.

Formulare werden ausgefüllt, ein Einlauf wird gemacht, Blutdruck gemessen, vorsorglich eine Kanüle in die Vene der Hand gestopft, falls ein Kaiserschnitt notwendig werden sollte, der Wehenschreiber angeschlossen. Jetzt sind die Wehen wieder weg. Das bedeutet: mit dem Mann im Krankenhausflur auf und ab gehen bis die Wehen wieder einsetzen.

Nach einer Stunde geht es zurück in den Kreißsaal, blau gekachelte Böden und Wände, der Geruch von Desinfektionsmitteln, ein ängstlicher Blick der Frau auf das bereitgestellte Tablett mit allerlei Scheren, Kanülen und anderen Metallinstrumenten, ein Blick auf den Arzt im weißen Kittel, ein hilfesuchender Blick zum verwirrt dreinschauenden Mann.

Schichtwechsel; eine neue Hebamme betritt den Kreißsaal. Gemurmel zwischen Arzt und Hebamme. Ein wehenförderndes Mittel wird gespritzt, es soll ja nicht noch eine Schicht verstreichen. Die Frau wird immer hilfloser, die Wehen immer stärker und unkontrollierter. Eine Spritze, die mehrmals um die Scheide herum eingestochen wird, betäubt den Damm. Hebamme und Arzt untersuchen mehrfach Scheide und Muttermund.

Die Hebamme lächelt: »Sie haben es gleich geschafft. Feste pressen, pressen, pressen! Luft anhalten und pressen! Weiter, weiter, weiter!« Die Hebamme nimmt eine Schere und durchschneidet den Damm, vorsorglich, damit nichts reißt! Der Kopf des Babys kommt heraus, die Schultern und der Rest des kleinen Körpers werden mit Unterstützung der Hebamme ans grelle Scheinwerferlicht geholt, das genau zwischen die Beine der Frau leuchtet.

Ein Klaps auf den Po, und das Neugeborene beginnt zu schreien. Es schreit in eine kalte, grelle, nach Chemikalien riechende Welt hinaus. Wo ist die Geborgenheit meiner Mutter, die Wärme ihrer Haut, der gewohnte Herzschlag? Die Nabelschnur, die letzte Verbindung, die Sauerstoffzufuhr, wird gekappt, obwohl sie noch pulsiert – ein neuer Schreck. Jetzt wird gewogen, gemessen, gebadet, und dann endlich darf das kleine Wesen in die Arme der erschöpften Mutter.

Aber es ist noch nicht vorbei. Ein Hormon wird gespritzt, damit sich die Plazenta schnell löst. Noch mal pressen, die Plazenta wird auf Vollständigkeit untersucht und dann eingefroren. Sie wird mit allen anderen Plazenten an die Kosmetikindustrie verkauft, zur Herstellung von Hautcremes.

Und die Prozedur geht weiter: Die Beine der Frau werden mit Lederriemen auf die Beinschalen links und rechts auf der Geburtsliege geschnallt. Jetzt endlich kommt der Arzt zum Zuge. Er näht den zuvor zerschnittenen Damm der Frau wieder zusammen. Die Hebamme verkneift sich einen Kommentar. Sie weiß, daß die Frau mit dieser Naht noch jahrelang Schmerzen beim Sex haben wird. Wochenlang wird sie nur auf einem Schwimmring sitzen können, auf der Toilette wird sie brennende Schmerzen haben.

Das Nähen dauert lange. Da die Frau auf dem Rücken liegen muß, kann sie ihr Kind noch immer nicht richtig begrüßen, geschweige denn stillen. Eine ganz normale Krankenhausgeburt!

Hausgeburt

Die Wehen setzen ein. Christina freut sich, endlich ist es soweit. Sie zündet die Kerzen an, die sie schon vor langer Zeit für diesen großen Tag vorbereitet hat. Sie ruft die Geburtshelfer-Engel zur Unterstützung. Ihr Mann Klaus zieht die Vorhänge der Wohnung zu, damit alles in das gedämpfte Licht der Kerzen gehüllt wird. Leise erklingt sanfte Entspannungsmusik aus der Stereoanlage. Christina trinkt einen gebärmutterstärkenden Kräutertee und lutscht dazu Traubenzukker, um Energie für die bevorstehende anstrengende Geburtsarbeit zu tanken.

Die beiden werdenden Eltern wechseln nur wenige Worte. Alles Wichtige haben sie schon vor Wochen miteinander besprochen. Die Atmosphäre in der Wohnung ist friedlich. Die Duftlampe verströmt Lavendel. Klaus informiert die Hebamme über den Geburtsbeginn und läßt nun warmes Wasser in ein vorbereitetes 2,50 x 2,50 m großes Wasserbecken einlaufen.

Die Wehen werden stärker, intensiver, und Christina entscheidet sich, ins warme entspannende Wasser zu steigen. Sie wird mit jeder Wehe wie auf einer Welle getragen und stellt sich dabei vor, wie der Muttermund sich mehr und mehr öffnet, um dem kleinen Wesen in ihrem Bauch einen Weg in die Welt zu bahnen. Christina ist nun ganz auf ihre Geburtsarbeit konzentriert und nimmt kaum etwas von der Außenwelt wahr. Klaus stört sie nicht, denn er weiß, daß dieser tranceähnliche Zustand wichtig für eine gute, entspannte Geburt ist.

Leise betritt nun auch die Hebamme den Raum. Am Atmen Christinas kann sie den Fortschritt der Geburt abschätzen. Die drei haben sich während der Schwangerschaft bei der Geburtsvorbereitung gut kennengelernt. Es muß nun nichts erklärt werden. Die Hebamme hört unaufdringlich die Herztöne ab und setzt sich dann aufmerksam beobachtend neben das Wasserbecken.

Christina tastet nach dem Muttermund und spürt, daß er sich ganz geöffnet hat. Die Wehen haben sich nun verändert. Das Köpfchen drängt nach unten. Christina läßt jetzt ihre Hand am Köpfchen ihres Kindes und spürt so genau, wie es sich seinen Weg nach draußen bahnt. Sie atmet ihr Kind aus. Kein gewaltsames Pressen zerreißt ihren Damm. Sie ist die erste, die ihr Kind unter Wasser mit ihren Händen empfängt, bevor die Hebamme das Kleine sanft an die Wasseroberfläche gleiten läßt, wo es durch den Reiz der Luft auf seiner Haut den ersten Atemzug tut. Friedlich spreizt es die winzigen Finger und Zehen im warmen Wasser und schaut mit großen aufmerksamen Augen seine glückliche Mutter an.

Behutsam steigen Mutter und Kind, noch immer mit der Nabelschnur verbunden, aus dem Wasser und legen sich auf eine Decke. Christina beginnt ihr Kind zu stillen, Klaus streichelt abwechselnd Mutter und Kind. Die Nabelschnur hört nun von allein auf zu pulsieren, und das Baby wird nach dem Stillen von der Hebamme abgenabelt. Nun kann Christina auch die Plazenta in der Hocke, mit den Fäusten auf ihrem Bauch, nach unten schieben. Nachdem die Hebamme Christina gründlich untersucht hat, entnimmt sie der Plazenta ein kleines Stück und steckt es in ein Reagenzröhrchen, den Hauptteil gibt sie in einen Behälter. Später wird aus ihr Medizin für den eigenen Gebrauch hergestellt. Der Rest der Plazenta wird an einem zuvor ausgesuchten Platz vergraben und ein Bäumchen darauf gepflanzt.

Welches Geburtserlebnis würden Sie bevorzugen?

In dem Bedürfnis nach »Sicherheit« und dem Bemühen, Risiken auszuschließen, gehen die meisten Frauen ins Krankenhaus und geben bereits an der Pforte die Verantwortung für ihren Körper ab. Für ein gutes Gelingen der Geburt sind jetzt Ärzte und Hebamme zuständig. Dabei machen sich die Frauen oft nicht richtig klar, daß sie dafür andere Risiken in Kauf nehmen müssen: sämtliche Nachteile der technisierten Geburtshilfe. Und – es ist einfacher, hinterher über den Arzt zu schimpfen, als sich der eigenen Verantwortung und damit auch der eigenen Wahl (!) bewußt zu sein.

Der Arzt im Krankenhaus muß sich in erster Linie selbst schützen durch den oft rein prophylaktischen (vorbeugenden) Einsatz der sogenannten Hilfsmittel. Hinterher kann er dann nachweisen, daß er alles in seiner Macht Stehende getan hat, um eine reibungslose Geburt zu garantieren. Niemand kann ihn dann rechtlich belangen. Das Wohl der Mutter und des Kindes ist in diesem Falle zweitrangig.

Dieses Buch zeigt Ihnen Möglichkeiten, trotz unserer technisierten Welt, in der nur das Beweisbare zählt, einen spirituellen Weg zu gehen. Ich hoffe darauf, daß meine Anregungen vielen Frauen wieder zu ihrer weiblichen Kraft und Stärke verhelfen:

Laßt euch nicht entmündigen von Medizinern und Wissenschaftlern, von Männern, die selbst nie ein Kind unter dem Herzen trugen. Laßt euch nicht einreden, daß Schwangerschaft und Geburt etwas mit Krankheit zu tun haben und deshalb in ein Krankenhaus gehören. Vertraut wieder eurem Körper, aber auch eurer weiblichen Intuition, eurer inneren Führung.

Einführung

Ich habe dieses Buch nach dem kabbalistischen Lebensbaum aufgebaut. Viele sehen in der kabbalistischen Lehre das hebräische Geheimwissen jüdischer Eingeweihter. Dieses Wissen ist jedoch bereits im alten Ägypten, in Griechenland und in Indien von Priester zu Priester weitergegeben worden. Auch die alte Priesterschaft der Mongolei und der Kelten waren Eingeweihte der Kabbalah, der universalen Schöpfersprache. Allerdings ist es der hebräischen Tradition zugute zu halten, daß dieses Wissen nicht verlorenging, sondern, wenn auch oft sehr kompliziert, über viele Generationen gelehrt wurde.

Der kabbalistische Lebensbaum ist die graphische Darstellung der Schöpfung und wird in zehn Sephiroth (Einzahl: Sephirah) eingeteilt. Dies sind die Schalen der Schöpfung, zehn verschiedene Manifestationszustände der reinen kosmischen Urenergie. Eine Schwangerschaft dauert zehn Mondmonate, also zehnmal achtundzwanzig Tage. In dieser Zeit durchläuft die sich inkarnierende (Inkarnation = Verkörperung) Seele alle zehn Sephiroth, wobei sie jeweils achtundzwanzig Tage lang im Bewußtseinsraum einer Schale der Schöpfung verweilt und dort geprägt wird. Die Menschwerdung beginnt in der obersten Sephirah, Kether, und endet mit der Geburt unten in der Sephirah Malkuth. Der Erdenmensch geht nun seinen Lebensweg wieder zurück durch die einzelnen Sephiroth, versucht sich im Idealfall zu vervollkommnen und seinen Charakter zu veredeln, um am Ende seines irdischen Daseins wieder bei Kether anzugelangen und durch das Tor des Todes zu gehen. (Da ich dieses Buch nicht als ein kompliziertes theoretisches Lehrwerk gestalten möchte, sondern ganz einfach nachzuvollziehende praktische Anleitungen für die Zeit der Schwangerschaft und Geburt weitergebe, empfehle ich allen, die sich ausführlicher mit der Kabbalah auseinandersetzen möchten, das Buch meines Bruders Bran O. Hodapp: »Die hohe Kabbalah«.)

Am Beginn jedes Mondmonats (28 Tage) gebe ich einen kurzen Überblick über den körperlichen Entwicklungsstand des Kindes und über die Eigenschaften der jeweiligen Sephirah. Wem dies zu kompliziert oder zu anstrengend ist, der kann den theoretischen Teil übergehen und sich ganz der Praxis widmen. Es ist nicht immer nötig, alles mit dem Verstand zu begreifen; durch das Beschäftigen mit den Energien des Lebensbaums wird sich ein viel tieferes Wissen in unsere Seele hineinsenken und uns auf unserem Lebensweg begleiten.

Einige Leserinnen werden mein Buch vermutlich nicht gleich zu Beginn der Schwangerschaft in Händen halten. Dies ist nicht weiter schlimm. Lesen Sie einfach die Seiten über die schon vergangenen Schwangerschaftsmonate durch, und holen Sie nur die Übungen nach, die Ihnen wichtig sind. Einzige

Ausnahme ist das Programmieren des Bergkristalls, da er ja nach dem Ende der Schwangerschaft für Ihr Kind bestimmt ist. Holen Sie die verpaßten Programmierungen nach, indem Sie jeden Tag einen schon vergangenen Monat bearbeiten. Aber machen Sie sich keinen Streß. Das ist nicht Sinn der Sache.

Die Empfängnis

Die Geschlechtsorgane sind natürliche Kraftspeicher des elektrischen (männlichen) und des magnetischen (weiblichen) Fluidums. Wenn Mann und Frau miteinander schlafen, entladen sich im Augenblick des sexuellen Höhepunkts diese Kraftspeicher blitzartig, ein Energiewirbel aus den Seelenqualitäten der beiden entsteht. Diese Energie geht in Resonanz mit einer Seele, die ähnliche Qualitäten aufweist, und zieht diese herunter für eine neue Inkarnation. Die Tibeter sagen, zur Zeit der Empfängnis komme es zu einer enormen spirituellen Öffnung, sowohl bei der Mutter als auch beim Vater öffneten sich 72 000 energetische Kanäle! Der in die Mysterien Eingeweihte weiß diese Kraftströme bewußt zu lenken, um jedes Ziel zu realisieren. Der gewöhnliche Mensch, der zu diesem okkulten Wissen keinen Zugang hat, ahnt nichts von den ihm innewohnenden Kräften. Trotzdem wirken sie auch bei ihm! Jede Vorstellung, jeder Gedanke, jedes Gefühl und jedes Wort, das er im Augenblick der geschlechtlichen Vereinigung hervorbringt, verbindet sich zwangsläufig mit den sich entladenden Sexualkräften und formt so Charakter und Schicksal. Entsteht in diesem Augenblick ein neues Leben, so wird dies ebenfalls geformt und geprägt.

Empfangen und empfangen werden ist ein heiliges Ereignis. Von den zukünftigen Eltern meist unbemerkt bereitet sich eine Seele über Wochen, Monate oder sogar Jahre darauf vor, wieder einen materiellen Körper zu bekommen; eine neue Chance, eine neue Aufgabe, oder das Weiterführen einer bereits begonnenen Aufgabe ist ihr Ziel. Und es ist nicht leicht, die geeigneten Eltern, das passende Umfeld und die richtige Zeit zu finden.

Manchmal kündigt sich ein Kind auch an. Einige Frauen berichten von Träumen, in denen sie ihr zukünftiges Kind sehen, andere fühlen, daß sie schon einige Zeit vor der Empfängnis von einem Wesen begleitet werden. Wer sich darauf einstimmen möchte, kann mitunter schon vor der Schwangerschaft mit seinem zukünftigen Kind Kontakt aufnehmen.

Kontaktaufnahme

- *Sorgen Sie dafür, daß Sie in der nächsten halben Stunde nicht gestört werden, stellen Sie Klingel und Telefon ab.*
- *Entzünden Sie eine Kerze (schön wäre es, wenn Sie sich einen Altar bereiten würden, siehe Kapitel: 1. Monat).*
- *Sie können sanfte, leise Entspannungsmusik im Hintergrund laufen lassen.*
- *Setzen oder legen Sie sich entspannt hin, und schliessen Sie Ihre Augen.*
- *Atmen Sie ein paarmal tief ein und aus.*

- *Fühlen Sie Ihren Körper. Wo ist er verspannt?*
- *Stellen Sie sich nun vor, daß jegliche Spannung mit Ihrem Atem aus dem Körper fließt.*
- *Jeder Muskel entspannt sich, auch die Gesichtsmuskeln werden ganz weich.*
- *Alle Sorgen, aller Ärger verblassen und fließen mit dem Atem heraus.*
- *Stellen Sie sich nun eine goldene Flüssigkeit vor, die durch Ihren Scheitel in den Körper einfließt und sich langsam harmonisch im ganzen Körper verteilt, jeden Winkel ausfüllt. Lassen Sie sich Zeit, bis wirklich alle Teile Ihres Körpers golden geworden sind.*
- *Jetzt stellen Sie sich vor, wie Ihr Ruf nach Ihrem zukünftigen Kind in liebevollen Wellenbewegungen von Ihrem Energiefeld aus in den Kosmos gesendet wird.*
- *Laden Sie in Gedanken Ihr Kind zu sich ein, damit es sich Ihnen mitteilen kann.*
- *Bleiben Sie nun abwartend und einladend in dieser entspannten Schwingung.*

Diese Meditation kann, muß aber nicht auf Anhieb gelingen. Sie muß vielleicht öfter wiederholt werden, bis Sie sich selbst in die richtige Schwingung versetzen können und die Seele sich Ihnen mitteilen kann. Wenn der Kontakt einmal zustande gekommen ist, können Sie auf diese Art immer wieder mit Ihrem Kind kommunizieren.

Jedes Kind sollte mit der ihm gebührenden Achtung

empfangen werden. In asiatischen und afrikanischen Kulturen bereiten sich die zukünftigen Eltern durch bestimmte Reinigungszeremonien auf die Empfängnis vor. Körperlich, emotional, geistig und seelisch stimmen sie sich ein, um ein Kind in den Mutterleib einzuladen. Die Lebensausrichtung der Eltern vor der Empfängnis entscheidet, welches Wesen sich in die Familie inkarniert. Viele Seelen halten sich in der Nähe des Paares auf, doch nur diejenige Seele, die ähnliche Schwingungen aufweist, erhält auch die Möglichkeit, empfangen zu werden. Für die Seelen ist es ein großes Bedürfnis, wieder einen Körper zu bekommen, denn nur auf der Erde haben sie die Möglichkeit, negatives Karma (Karma: das Gesetz von Ursache und Wirkung, dessen Folgen auch über ein Leben hinaus wirksam sind) aufzulösen und sich so weiterzuentwickeln. Hier, in den sogenannten Erste-Welt-Ländern, in denen die Pille die Geburtenrate bestimmt, gleicht es einem Lottogewinn, wenn eine Inkarnation zustande kommt.

Dieses neue Erdenwesen ist so neu gar nicht. Durch wie viele Inkarnationen mag es schon gegangen sein? Was mag es schon alles an Erfahrungen hinter sich haben? Seine Seele kann durchaus älter sein als unsere eigene. Vielleicht kommt dieses Kind zu uns, um uns eine bestimmte Lernaufgabe zu vermitteln. Oder es möchte hier bei uns eine ganz bestimmte Erfahrung machen, um etwas zu lernen oder wiedergutzumachen.

Betrachtet man die Gesichtszüge eines Neugeborenen, so hat man zuweilen den Eindruck, einen alten, weisen Menschen vor sich zu haben. Und in der Tat ist das Neugeborene im Augenblick der Geburt auf dem Bewußtseinsstand des alten Menschen aus seiner letzten Inkarnation im Augenblick seines Übergangs in den Tod. Die Erinnerungen und das Wissen sind noch da, allerdings eingezwängt in einen kleinen, hilflosen Körper, der sich nicht ausdrücken kann. Im Laufe der nächsten Wochen und Monate hüllt sich dieses Wissen schließlich immer dichter in einen Nebel des Vergessens. Wenn das Kind sein siebtes Lebensjahr erreicht hat, haben sich in der Regel die Schleier vollständig herabgesenkt.

Die Aura

Wir bestehen nicht nur aus sichtbarer Materie. Darum herum ist unser Lichtkörper, unsere Aura. Diese wiederum ist unterteilt in verschiedene Schichten:

1. Der Odkörper
   Er ist eine Hülle rund um unseren Körper von ca. 1–5 cm Stärke. In ihm findet sich unsere Lebenskraft, unsere Power für den Alltag.
2. Der Astralleib
   Er ragt um mehrere Zentimeter bis zu einem Meter über den Odkörper hinaus, bei spirituell weit entwickelten Menschen sogar mehrere Meter. Der

Astralleib ist für unser Gefühlsleben zuständig und leuchtet in den Farbqualitäten unserer Gefühle. Das Unterbewußtsein ist hier angesiedelt.

3. Der Mentalkörper

   Er reicht je nach Seelenqualität des Menschen um mehrere Zentimeter bis zu mehreren Metern über den Astralkörper hinaus. Er beherbergt unsere Gedanken, unseren Intellekt. Auch er leuchtet in den Qualitäten unserer Gedanken.

4. Der Kausalkörper

   Dies ist der Sitz unseres hohen Selbst, unserer ureigenen göttlichen Weisheit.

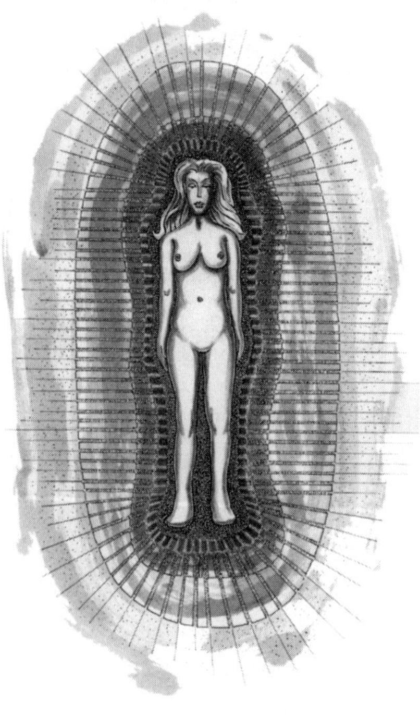

Zerstörerische, negative Gedanken und Gefühle durchziehen die Aura in grauen Schleiern und aggressiven schmutzigroten Zacken.

Eine liebevolle, harmonische Lebensweise dagegen läßt die Aura in prächtig buntem Glanz erstrahlen, hält zudem gesund und vital und wirkt heilend auf unsere Umgebung. Indem wir unsere Gefühle, Gedanken und unser Verhalten achtsam beobachten und ständig verbessern, ziehen wir reine Wesen in unser Umfeld. Durch unsere Lebensart prägen wir jede Zelle unseres Körpers und unserer Seele. Diese Zellerinnerung geben wir Generation für Generation weiter. Es bedeutet eine große Verantwortung für uns Eltern, in welchem Zustand wir Kinder zeugen, denn wir als Eltern prägen die Zukunft unseres Planeten!

Achte auf deine Gedanken, denn sie werden deine Worte;
achte auf deine Worte, denn sie werden deine Taten;
achte auf deine Taten, denn sie werden dein Charakter;
achte auf deinen Charakter, denn er wird dein Schicksal.

Der Seelenspiegel

Diese kleine Übung sollten Sie sich zur täglichen Gewohnheit werden lassen:

- *Reflektieren Sie möglichst jeden Abend über Ihre Gedanken, Gefühle, Worte und Handlungen des vergangenen Tages. Was habe ich gut gemacht? Wo könnte ich etwas verbessern? Was sollte ich in Zukunft besser vermeiden?*
- *Dazu können Sie ein Gebet sprechen:*
  »Göttliche Vorsehung mit all Deinen Helfern, gib mir die Erkenntnis und die Kraft, meine Seele zu reinigen und zu wachsen in Deinem Licht und Deiner Liebe. AMEN.«

Mantra der Reinigung

Mantras sind Wortklänge, die direkt auf das Energiefeld des Rezitierenden wirken. Meist sind sie in einer alten Sprache wie Sanskrit, Tibetisch, Griechisch, Arabisch oder Hebräisch, je nachdem, aus welchem Kulturkreis sie stammen.

Das sechssilbige Mantra von Avalokiteshvara, dem Buddha des Mitgefühls, ist wohl das bekannteste Mantra des tibetischen Buddhismus: OM MANE PADME HUM. Es kann mit »Heil dir, Juwel im Lotus« übersetzt werden und wird rezitiert, um die Kraft des Mitgefühls im eigenen Bewußtsein zu aktivieren. Das Rezitieren von Mantras wird an sogenannten Malas (Sanskrit für »Rose«, »Kranz«) abgezählt. Dies sind Gebetsketten, ähnlich dem christlichen Rosenkranz. Eine tibetische Mala hat 108 Perlen. Wenn Sie sich für die Mantra-Rezitation entscheiden – was ich Ihnen sehr ans Herz legen möchte, da dies eine sehr wirkungsvolle Methode ist –, können Sie sich Ihre Mala selbst herstellen, indem Sie 108 Perlen Ihrer Wahl als Kette auffädeln, mit einer etwas dickeren anders geformten Abschlußperle, die nicht mitgezählt wird. Sprechen Sie nun täglich mindestens 108mal das Mantra OM MANE PADME HUM. Besser noch wäre es, das Mantra zusätzlich den ganzen Tag über in Ihren Gedanken kreisen zu lassen. Um ein Mantra vollständig zu aktivieren, muß es viele tausend Male rezitiert werden. Ich selbst rezitiere ständig in Gedanken ein bestimmtes Mantra. Selbst wenn ich nachts aufwache, ist es sofort in meinen Gedanken und wird weiter rezitiert. Ob beim Kochen, Bügeln, Spazierengehen oder Autofahren, es gibt genügend Gelegenheiten, ein Mantra zu sprechen.

Die spirituelle Verbindung der zukünftigen Eltern stärken

Keine Beziehung entsteht rein zufällig. Bestimmte karmische Verflechtungen, die eine Anziehungskraft entstehen lassen, führen zur Partnerschaft. Es ist eine Chance für uns, Dinge, die wir vielleicht in einem früheren Leben nicht gemeistert haben, jetzt erneut zu bearbeiten und daran zu wachsen. Manchmal heißt das auch, durch tiefste Tiefen zu gehen, fast daran zu verzweifeln, um schließlich gestärkt und gereift daraus hervorzugehen. Unsere Wunden sind nicht nur Meilensteine auf unserem Lebensweg, sondern im besonderen unsere Lehrmeister, Hilfsmittel, aus denen wir Erkenntnis und Weisheit schöpfen können.
Das nachfolgend beschriebene Ritual verhilft Ihnen zu einer tiefen innigen Beziehung. Sie können es so oft wiederholen wie möglich. Es kann die Vorbereitung zu einer bewußten Zeugung sein.

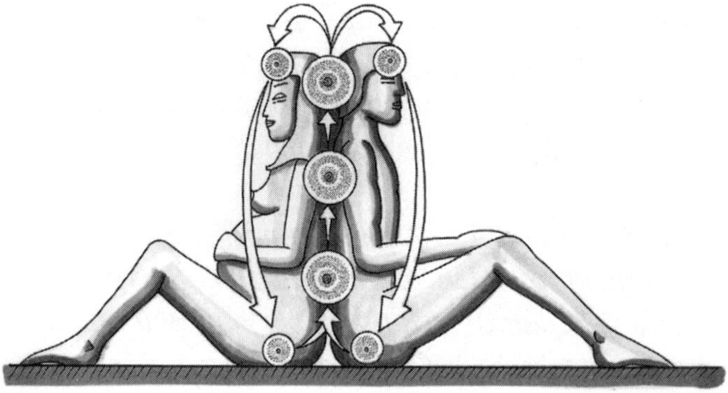

Für dieses Partnerschaftsritual benötigen Sie:

- *getrockneten Salbei*
- *eine Muschel oder eine Räucherschale*
- *Streichhölzer*
- *eine Decke*
- *¼ Liter kaltgepreßtes Olivenöl mit 20 Tropfen reinem ätherischem Ylang-Ylang versetzt*

- *Entzünden Sie getrockneten Salbei in einer Muschel oder einer feuerfesten Schale.*
- *Setzen Sie sich mit Ihrem Partner nackt Rücken an Rücken auf die am Boden ausgebreitete Decke, so daß sich Ihre beiden Wirbelsäulen berühren.*
- *Nehmen Sie – zuerst die Frau, dann der Mann – die Räucherschale in die linke Hand, und fächeln Sie sich den Rauch mit der rechten Hand in die Aura. Be-*

ginnen Sie über dem Kopf, und wandern Sie dann am Körper herunter bis zum Boden. Stellen Sie sich dabei vor, daß alle negativen, destruktiven Gedanken und Gefühle in Ihrer Aura durch den Rauch gereinigt werden.

- *Im Zentrum Ihres Körpers befindet sich der Zentralkanal, durch den die kosmischen Energien vom Scheitel-Chakra nach unten bis zum Wurzel-Chakra und umgekehrt fließen. Stellen Sie sich diesen Kanal wie eine Röhre vor.*
- *Visualisieren Sie, wie sich Ihre spirituellen Energien am Steißbein in einer Energiekugel sammeln.*
- *Wenn Sie ein warmes Kribbeln verspüren, geben Sie Ihrem Partner Bescheid.*
- *Spüren Sie es beide, verbinden Sie in Ihrer Vorstellungskraft Ihre eigene Energiekugel mit der Ihres Partners.*
- *Lassen Sie nun diese große Energiekugel durch Ihre Zentralkanäle langsam nach oben bis zum Scheitel wandern.*
- *Verweilen Sie so eine Minute, und spüren Sie in diese innige Verbindung hinein.*
- *Nun ziehen Sie – jeder für sich – Ihre eigene Energie über die Stirn zur Vorderseite des Körpers herunter, bis Sie wieder am Steißbein angelangt sind.*
- *Hier verbinden Sie die Energien erneut.*
- *Der ganze Vorgang wird dreimal wiederholt.*
- *Nun massieren Sie sich gegenseitig mit dem vorbereiteten Öl.*

1. Monat

1. bis 4. Woche • 1. bis 28. Tag

In den ersten vier Wochen des Lebens entstehen Millionen von Zellen, die nach einem ausgeklügelten Bauplan zusammengesetzt werden und den »Grundriß« eines Menschen bilden. Mit vier Wochen ist der Embryo ca. 6 mm groß und zeigt schon deutliche Anlagen zu Gehirn und Rückgrat. Das kleine Herz pumpt bereits Blut zur Leber und Hauptschlagader.

Kether – Einheit mit Gott

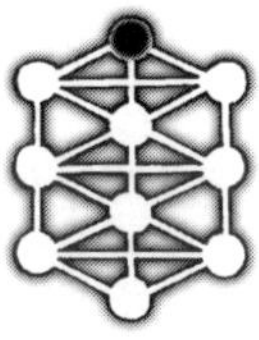

- ✿ SPHÄRE: Kether, die erste Sphäre (hebr. Sephirah) im Lebensbaum, ist die Manifestation dessen, was für uns nicht wahrnehmbar ist. Hier ist reines Sein. Das unmanifestierte Geistwesen tritt in die Materie ein und beginnt Mensch zu werden. Hier in Kether ist der neue Erdenmensch noch ganz in der Einheit Gottes.
- ✿ PLANET: Der Planet, der hier seinen Einfluß ausübt, ist Neptun. Er hält in der kosmischen Rangordnung den Planeten Erde im Gleichgewicht. Er symbolisiert die universelle Menschenliebe.

Neptun ist das Tor zur Wirklichkeit; Symbol für feinstoffliche übersinnliche Begabung. Zu seinen Ausdrucksformen gehören Mystik, Visionen, Inspiration, Träume. Große Künstler werden von Neptun inspiriert. Werden die Einflüsse des Neptuns negativ gelebt, so entstehen Sucht, Lüge, Betrug oder religiöser Wahnsinn (Fanatismus).

- METALL: Aluminium
- ENGEL: Die in der Sephirah Kether regierenden Engel heißen Chayyoth ha-Qodesch, die heiligen Kreaturen.
- ERZENGEL: Der Erzengel, welcher Kether zugeordnet ist, trägt den Namen Metatron, was vom griechischen »meta tronos« abgeleitet ist und soviel wie »deinem Thron nahestehend« bedeutet.

➡ *Praxis:*

Die meisten Frauen werden ihre Schwangerschaft erst im zweiten Monat bemerken, wenn ihre Regel ausgeblieben ist und sie einen Schwangerschaftstest durchführen. So werden die ersten achtundzwanzig Tage erst im Rückblick präsent. Einige Frauen werden jedoch bereits während oder kurz nach der letzten Liebesnacht, dem letzten Liebestag, das Gefühl haben: Jetzt ist es passiert! Es war anders als sonst. – So kenne ich es.

Bei meinem vierten Kind war es dann sogar so, daß es sich Monate vor der Empfängnis bei mir in Träumen und Meditationen ankündigte. Ständig spürte ich die Präsenz eines lichtvollen Wesens. Sein willensstarkes Drängen, sich jetzt endlich zu inkarnieren, war für mich deutlich wahrzunehmen. Ich erfuhr sogar exakt im voraus das Datum der Empfängnis. Als mein Arzt eine Ultraschalluntersuchung bei mir durchführte, sagte ich ihm diesen Termin. Er jedoch teilte mir mit, daß dieses Datum absolut unmöglich sei, weil die Größe des Kindes und die Entwicklung seines Herzens auf ein sechs Wochen älteres Kind hindeuteten. So berechnete er den Geburtstermin anders als ich. Bei der Geburt stellte sich dann heraus, daß meine Berechnung die richtige war. Nach der Kalkulation des Arztes war ich schon zwei Wochen über dem Geburtstermin, die Überlegung einer medikamentösen Geburtseinleitung stand im Raum. Da dies für mich jedoch nicht in Frage kam, trank ich Tees nach speziellen Kräuterrezepturen und Rizinusöl zur Geburtseinleitung. Ich sprang auf einem Trampolin und machte mir mehrere Einläufe. Als dann mein kleiner Sohn tatsächlich nach zweiwöchiger »Übertragung« zur Welt kam, war er so voller Käseschmiere und seine Haut so durchscheinend, daß meine Hebamme bestätigte, er sei vier Wochen zu früh gekommen.

Meine Intuition und meine Informationen aus der geistigen Welt waren also richtig gewesen, und es zeigte sich mir aufs neue, daß auf moderne Technik nicht immer Verlaß ist.

Diese ersten achtundzwanzig Tage können nun dazu genutzt werden, sich auf die kommenden Monate einzustimmen. Körperlich sind wahrscheinlich noch keine Veränderungen zu spüren, aber alle Weichen stehen auf Veränderung. Ein neues Lebenskapitel hat begonnen. Eine Zeit, in der das Frausein ganz intensiv erlebt wird. Wer jetzt schon von dem neuen Leben in sich weiß, kann die geistigen und körperlichen Veränderungen durch die folgenden Vorschläge bewußt unterstützen.

Der Altar

Seit frühgeschichtlicher Zeit ist der Altar als heilige Stätte und Ort der Nähe Gottes in allen entwickelten Religionen bekannt.

Der christliche Altar, der erst Ende des ersten Jahrhunderts bekannt wurde, war ursprünglich ein einfacher Tisch zur Feier des Abendmahls. Später wurde er dann immer aufwendiger gestaltet. Wir wollen einen Altar als Ort der Kraft nutzen, an dem wir Verbindung zu unserem Kind, zu Engeln und zur göttlichen Vorsehung aufnehmen können. Wenn wir uns an diesen Ort zurückziehen und meditieren, wird sich im Laufe der Wochen ein starkes Kraftfeld aufbauen, das uns in harmonischen Zeiten erbaut und auch in schwierigen Situationen Kraft spendet.

Ein Altar kann ein kleiner Tisch sein, eine Nische am Boden oder in einem Regal. Auch in der kleinsten Wohnung läßt sich solch ein Platz finden, der uns in den folgenden Monaten intensiv beschäftigen wird. Spüren Sie in sich, in Ihre Wohnung hinein, wo dieser Platz sein könnte. Für Sie muß er stimmig sein.

Sie können diesen Altar auch gemeinsam mit Ihrem Partner aussuchen und gestalten, um ihn von Anfang an in die Schwangerschaft mit einzubeziehen. Auch Geschwisterkindern wird dieser Tisch helfen, ganz bewußt mit dem Neuankömmling in Kontakt zu treten. Aber Sie allein entscheiden, ob er gemeinsam oder nur von Ihnen genutzt wird.

✿ Auf Ihrem Altar wird im Zentrum der Lebensbaum mit seinen zehn Stationen liegen. Sie können den Lebensbaum kopieren oder zeichnen (Vorlage siehe Buchende). Ich habe die einzelnen Stationen (Sephiroth) mit den dazugehörenden Engeln verbunden, damit Sie bereits ein starkes Kraftfeld zur Verfügung haben.

✿ Besorgen Sie sich eine möglichst klare Bergkristallspitze, die auf ihrer der Spitze gegenüberliegenden Seite eine geschliffene Ebene hat und dadurch sicher steht. Ideal wären eine Höhe von fünf Zentimetern und ein Durchmesser von zwei bis vier Zentimetern. Dieser Bergkristall wird Sie

durch die nächsten Monate begleiten und später ein Weggefährte Ihres Kindes sein.
Der Bergkristall ist einer der bekanntesten Edelsteine. Die Griechen bezeichneten ihn als Krystallos, was soviel bedeutet wie »Eis«. Die Römer glaubten, im Bergkristall sei der Sitz der Götter und er verleihe ihnen Weisheit und Mut. Die Indianer legten ihren Neugeborenen einen Kristall zum Schutz vor allem Bösen in die Wiege, und für die Buddhisten symbolisiert der Bergkristall vollkommene Erleuchtung.
Der Bergkristall ist ein Speicherkristall und ein Lichtbringer. In ihm ist das ganze Farbspektrum vorhanden. 1880 entdeckten die französischen Physiker Paul und Pierre-Jacques Curie den piezoelektrischen Effekt des Bergkristalls: Sie erkannten, daß klare Bergkristalle zu elektrischen Energiestäben werden, wenn man Zug oder Druck auf sie ausübt. Dieser Effekt wird in der Industrie dazu genutzt, die Frequenzen von Quarzuhren, Ultraschall oder Geräten in der Elektronik und Funktechnik konstant zu halten. Dieser Energiefluß des Bergkristalls ist spür-, meß- und berechenbar. Im modernen Piezofeuerzeug reicht der durch diesen Energiefluß entstehende Funke sogar aus, um das Gas zu entzünden. In den kommenden Wochen und Monaten werden wir uns die positiven Eigenschaften des Bergkristalls zunutze machen und ihn aufladen und program-

mieren, damit er später ein hilfreicher Begleiter (Lehrerkristall) unseres Kindes wird. Sie können alles, was Sie Ihrem Kind vermitteln wollen, in den Kristall sprechen. Außer den Engelsenergien, mit denen wir den Kristall in den nächsten Monaten energetisieren, können Sie Gebete, Mantras, Gedichte, Märchen, Lieder und das Einmaleins hineinsprechen. Lassen Sie Ihrer Kreativität freien Lauf. Über das Unterbewußtsein wird Ihr Kind die Informationen aufnehmen.

✿ Eine weiße Altarkerze gehört ebenfalls zur Grundausstattung. Sie stellt die Verbindung zu den höheren Ebenen dar, zu den Kräften des Lichts, zu den Engeln, Erzengeln und zur göttlichen Vorsehung. Sie sollte immer brennen, wenn Sie zu Hause sind. Wählen Sie eine möglichst große dikke Qualitätskerze, die gleichmäßig brennt und an der Sie lange Freude haben.

Weihen Sie die Kerze wie folgt: Nehmen Sie sie in die linke Hand, und halten Sie die rechte über die Kerze. Dabei sprechen Sie: »Ich weihe diese Kerze dem universellen göttlichen Licht, diese Flamme soll unsere Verbindung sein.«

Eine abgebrannte Altarkerze kann durch eine neue ersetzt werden, indem sie auf die gleiche Weise geweiht wird. Die Altarkerze sollte nie ausgeblasen, sondern mit einem Kerzenlöscher oder durch Eintauchen des Dochts in das flüssige Wachs gelöscht werden!

- Eine frische Blume auf dem Tisch symbolisiert Leben und Wachstum.
- Ob und wie Sie Ihren Tisch mit Tüchern schmükken, bleibt Ihnen überlassen und kann sich auch Monat für Monat ändern.
- Bei allen Naturvölkern ist die Ahnenverehrung wichtiger Bestandteil des Lebens. Die Ahnen schützen die Familie und geben den kommenden Generationen Kraft. Leider ging dieses Wissen in unserer industrialisierten und von Kleinfamilien geprägten Gesellschaft unter.

  Wenn wir uns wieder auf unsere Vorfahren besinnen, uns einmal eingehend mit ihnen beschäftigen, können wir uns bewußt machen, daß wir einer Ahnenreihe entstammen, die bis zum Anbeginn der Menschheit zurückreicht. Trotz Kriegen, Naturkatastrophen, Seuchen und vielen anderen Widrigkeiten, die es über die Jahrtausende gab, sind wir entstanden, wurde unsere Ahnenlinie nicht unterbrochen. Ist dieser Gedanke nicht faszinierend? Bert Hellinger hat mit seinem systemischen Familienstellen dieses Wissen um die Kraft der Ahnen wieder in unser Bewußtsein gerückt.

  Für uns Frauen ist besonders die weibliche Linie von großer Bedeutung. Die Ahnfrauen stärken unsere weibliche Kraft, was uns besonders während der Schwangerschaft zugute kommt. Aber auch die männliche Linie ist wichtig für uns. Denn wir be-

stehen ja nicht nur aus weiblichen, sondern auch aus männlichen Anteilen.
Was aber sind männliche und weibliche Eigenschaften? Eine Klientin bekam von mir einmal die Aufgabe, eine Liste anzufertigen, in der sie alle männlichen und weiblichen Eigenschaften aufschreiben sollte, die ihr einfielen. Die entstandene Liste war sehr kümmerlich; zu »weiblich« fiel ihr ein: falsch, zänkisch, läßt sich ausnützen; zu »männlich« schrieb sie: bestimmend, unzuverlässig, untreu. Ich hoffe, Sie assoziieren positivere Eigenschaften. Nehmen Sie doch einmal ein Blatt Papier, und schreiben Sie sich eine Liste mit positiven männlichen und weiblichen Eigenschaften auf.
Um nun Ihre Ahnen wieder ganz bewußt in Ihr

Leben und das Ihres Kindes zu integrieren, stellen Sie stellvertretend für alle zurückliegenden Generationen je ein Foto Ihrer Großmutter, Ihres Großvaters und der Großmutter und des Großvaters des werdenden Vaters auf den Altar. Halten Sie Ihre Vorfahren in Ehren, indem Sie ihnen einmal am Tag hier am Altar Ihre Aufmerksamkeit schenken und sie um ihre Kraft und Unterstützung für sich und Ihre Familie bitten. Falls Sie kein Foto haben, können Sie eine Zeichnung oder Figur stellvertretend für die jeweilige Person auf den Altar stellen.

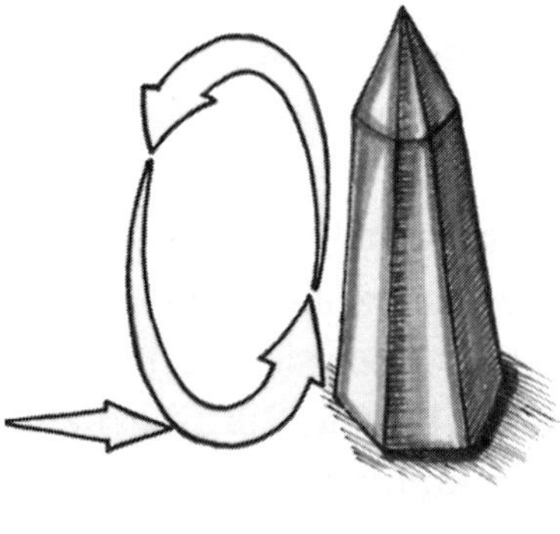

Erzengelmeditation für jeden Tag

Entzünden Sie die Altarkerze, und nehmen Sie die Bergkristallspitze in die Hand. Aktivieren Sie den Bergkristall, indem Sie mit dem kleinen Finger der linken Hand 21mal von der Basis bis zur Spitze reiben. Sprechen Sie dabei 21mal den Namen des Erzengels Metatron, und stellen Sie sich dabei helles gleißendes Licht vor, von dem Sie und der Bergkristall eingehüllt werden. Plazieren Sie nun den Bergkristall aufrecht stehend auf Kether, der ersten Station des Lebensbaumes. Bitten Sie nun den Erzengel Metatron, seine wohltuenden Energien auf den Bergkristall, auf Sie und Ihr Kind zu übertragen. Verharren Sie mit geschlossenen Augen einige Minuten, und lassen Sie die Energie auf sich wirken. Lassen Sie den Kristall, wenn Sie nicht mit ihm arbeiten, die ersten 28 Tage auf Kether stehen.

Märchen

Durch die Symbolmotive in Zusammenhang mit den Handlungsabläufen wirken Märchen auf innerseelische Reifungsprozesse. Die Beschäftigung mit Märchen kann positive Impulse auslösen, da das Unterbewußtsein ganz besonders gut auf Symbole und Bilder anspricht, die über die Logik, den Verstand nicht zu bewegen sind.

Diese Wirkung der Märchen können wir uns auf dem Weg zur Geburt zunutze machen und uns ganz gezielt mit den Märchen beschäftigen, die zu den einzelnen Stationen im Lebensbaum passen. Es ist nicht notwendig, vielleicht sogar hinderlich, die Märchen zu analysieren. Durch das Lesen wird die Wirkung ganz von allein zum Tragen kommen. Lesen Sie das jeweilige Märchen Ihrem Kind und sich selbst möglichst laut vor, und halten Sie dabei den Bergkristall in der linken Hand. Wiederholen Sie das Vorlesen, sooft Sie Lust haben, zwingen Sie sich jedoch nicht dazu. Auch Ihr Partner kann Ihnen und dem Kind das Märchen vorlesen, dann sollte er den Bergkristall in der linken Hand halten.

Diesen Monat lesen wir:

Der Großvater und sein Enkel

(nach einer Geschichte der Gebrüder Grimm)

Der Großvater war alt geworden. Das Leben hatte seinen Rücken gebeugt, und die harte Arbeit hatte ihre Spuren an seinen knotigen Gichthänden hinterlassen. Bei Tisch hatte er Mühe, den Löffel zum Mund zu führen, und so manches Mal kam es gar vor, daß er etwas von der Suppe aufs gute Tischtuch verschüttete. Wenn ihm dann auch noch ein kleines Rinnsal aus seinem Mund rann, ekelten sich seine Tochter und ihr Mann, bei denen er wohnte, schrecklich. Eines Tages zerbrach ihm das Schüsselchen aus Ton, aus dem er bis dahin zu essen pflegte. Sie schalten ihn und kauften ihm eine Holzschale, wie sie die Tiere haben. Sie wollten ihn auch nicht mehr bei Tisch ertragen und setzten ihn auf die Ofenbank. Dort saß er ganz einsam und schaute mit traurigen Augen zum Tisch hinüber, wo die Familie gemeinsam aß. Da stand sein kleiner Enkel auf und kniete sich zu seinen Füßen. Er begann mit seinem Schnitzmesser einen Holzscheit zu bearbeiten.

»Was machst du da?« fragte ihn seine Mutter erstaunt.

»Ich schnitze eine Holzschale für dich und Papa. Wenn ich groß bin, könnt ihr dann daraus essen«, antwortete der Junge.

Sein Vater und seine Mutter waren erschüttert und

begannen zu weinen. Sofort holten sie den Großvater an den Tisch zurück und brachten ihm von nun an die gebührende Achtung entgegen. Nie mehr wurde er in die Ecke verbannt.

2. Monat

5. bis 8. Woche • 29. bis 56. Tag

In der fünften Woche verbindet sich die Plazenta mit der Gebärmutterschleimhaut und deren Blutgefäßen. Auf diesem Weg nimmt der Embryo Nährstoffe von der Mutter auf und entledigt sich der Schlacken aus seinem Stoffwechsel. Gesicht, Rumpf und Extremitäten bilden sich, und die Ansätze für Hände und Füße sind als winzige Knospen sichtbar. Noch sind keine Schädelknochen vorhanden, das kleine Gehirn ist noch ungeschützt. Mit sechs Wochen bekommt die Wirbelsäule Form und Festigkeit. Am Ende der achten Woche ist der Embryo vier Zentimeter lang. Auch die Fingerchen sind jetzt ausgebildet und alle Organe angelegt.

Viele Frauen leiden in dieser Zeit unter Morgenübelkeit und sind besonders geruchsempfindlich. Dies hängt mit der Hormonumstellung des weiblichen Körpers zusammen. Auch die Brüste sind schwer und empfindlich.

Chockmah – Die Weisheit

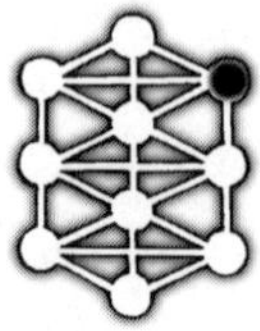

- SPHÄRE: In der zweiten Sephirah, Chockmah, fließt freie, ungeordnete, befruchtende Kraft mit dem Ziel, genügend Dynamik zu entwickeln, um in den nächsten Entwicklungsschritten eine Ordnung zu ermöglichen. Hier ist das Zentrum der Weisheit, des unformulierten Gedankens.
- PLANET: Uranus hat hier seinen Einflußbereich. Sein Sinnbild ist der intuitive Urgrund. Spontane Energieentladung und Zustandsveränderungen, intuitive Erkenntnisse, geistige Wenden, das Unkonventionelle haben hier ihren Ursprung. Werden die Uranusenergien nicht kanalisiert und auf ein Ziel ausgerichtet, können Nervenüberreizungen entstehen.
- METALL: Zink/Platin
- ENGEL: Die in Chockmah regierenden Engel werden Ophanim (Räder) genannt.
- ERZENGEL: Der Erzengel von Chockmah ist Raziel, das Geheimnis Gottes.

➡ *Praxis:*

Die Vorsorgeuntersuchungen

Nur wenigen Frauen ist bekannt, daß die monatlichen Vorsorgeuntersuchungen nicht ausschließlich vom Gynäkologen, sondern ebenfalls von einer freiberuflichen Hebamme durchgeführt werden können. Dies hat zwei ganz große Vorteile: Unnötige Untersuchungen bleiben aus, und die schwangere Frau wird von Anfang an von ihrer Hebamme betreut, die dann auch die Geburt begleitet. Beide lernen sich gut kennen, bauen ein Vertrauensverhältnis auf, das während der Geburt von unschätzbarem Wert ist. Viele Ratschläge aus der Praxiserfahrung der Hebamme bereichern die Schwangerschaft.

Die Weltgesundheitsorganisation WHO hat eine Liste der sinnvollen und nicht sinnvollen Vorsorgeuntersuchungen herausgegeben:

Positiv-Liste der WHO	Negativ-Liste der WHO
1. Dokumentation der Schwangerschaft im Mutterpaß, freier Zugang zu kompetenter Vorsorge (Die WHO sieht die Hebamme als kompetenteste Person in der Schwangerenvorsorge an.)	

2. Blut-Screening auf - Röteln - Lues - Antikörper - Chlamydien - HIV im Einzelfall - eventuell Hepatitis und - Toxoplasmose (nur Risikogruppen?)	- Präpartale CTGs - Wehenbelastung - US-Screening - Kontrolle von Plazentahormonen - intensives Diabetesscreening - starre Verhaltensregeln - strenge Diäten (Gestose) - „Abhärtung" der Brustwarzen - vaginale Untersuchung ohne spezielle Indikation
3. Diagnostik und Behandlung: - Übelkeit - vaginale Infektionen - Blaseninfekte - Diabetes - Hypertonie - Rhesus-Inkompatibilität	
4. Regelmäßige Kontrolle: - RR - Urin - Fundushöhe in Zentimetern	
5. Pränataltests: - Amniozentese - Selektive Ultraschall-Kontrolle mit gezielter Fragestellung	Unentschieden - Hb-Kontrollen - Bedeutung von Ödemen - Bedeutung erhöhter BZ-Werte
6. Geburtsvorbereitung	

Utraschalluntersuchung

Die meisten Frauen werden routinemäßig viele Male mit Ultraschall untersucht und bekommen dann Fotos ihres Kindes mit nach Hause. Das mag sehr reizvoll sein, doch ob dieses häufige Beschallen auch sinnvoll ist, ist zweifelhaft. Am Ende einer Schwangerschaft kann eine Ultraschalluntersuchung angebracht sein, es stellt sich allerdings immer wieder heraus, daß die Ergebnisse nicht unbedingt zuverlässig sind. Durch die Ultraschalluntersuchung – besonders im Frühstadium einer Schwangerschaft, wenn das Kind noch sehr empfindlich ist – erwärmt sich das Fruchtwasser, und es bilden sich Bläschen, die größer und kleiner werden, als ob das Wasser kocht. Es ist bis heute nicht geklärt, ob dadurch beim Kind Schäden entstehen können. Der amerikanische Arzt Dr. Mendelson führt in seinem Artikel (Ultrasound Dangers Revealed, The Peoples Doctor, A Medical Letter for Consumers, Vol.7, No.11) anhand zahlreicher Quellen wichtige Folgen von Ultraschalluntersuchungen in der Schwangerschaft an: Veränderung der Zellstruktur, der Zellbeweglichkeit und der DNS-Synthese. Aufgrund von Beobachtungen wird erwartet, daß es bei den Kindern zu Verhaltensschäden, Verminderung der Intelligenz und Konzentrationsschwäche kommt. Außerdem wird die Leber in ihrer Entgiftungsfunktion eingeschränkt. Die Begünstigung schwerer Erkrankungen wie Krebs und Immundefekte können nicht ausgeschlossen werden.

In Japan werden Ultraschalluntersuchungen nur noch in begründeten Einzelfällen durchgeführt. Klären Sie in einem Gespräch mit Ihrer Hebamme und Ihrem Arzt ab, ob die Beschallung wirklich notwendig ist.

Fruchtwasseruntersuchung (Amniozentese)

Eine schwangere Frau, die 35 Jahre und älter ist, gilt in der Schulmedizin als Risikoschwangere. Die Ärzte versuchen dann mit einer Fruchtwasserpunktion festzustellen, ob das Kind behindert ist. Eine lange Nadel wird durch die Bauchdecke in die Gebärmutter geführt; dort wird Fruchtwasser entnommen, welches auf Chromosomenanomalien untersucht wird. Eine weitere Methode der Untersuchung ist die Plazentauntersuchung (Chorionzottenbiopsie), bei der ebenfalls mit einer Nadel unter Ultraschallkontrolle durch die Bauchdecke punktiert oder aber ein dünner Katheter durch die Scheide bis zur Plazenta geführt wird, wo dann die geeigneten Chorionzotten (Bestandteile der Plazenta) entnommen werden.

Beide Untersuchungen bieten keine hundertprozentige Sicherheit, da die Ergebnisse nicht immer eindeutig sind. Der Eingriff ist nicht ungefährlich, und es kann gelegentlich zu leichten Blutungen und Infektionen kommen und im schlimmsten Fall (bei ca. 5%) eine Fehlgeburt auslösen. Überlegen Sie sich gemeinsam mit Ihrer Hebamme, ob Sie dieses Risiko eingehen wollen.

Wird eine Behinderung diagnostiziert, müssen Vater und Mutter gemeinsam entscheiden, ob sie das Kind bekommen oder töten wollen. Es bleibt zu bedenken, daß eine Schwangerschaft mit 34 Jahren zu keiner Chromosomenuntersuchung geführt hätte und die Eltern dann erst nach der Geburt mit dem Thema Behinderung konfrontiert worden wären. Ebenso kann ja ein Kind auch erst infolge einer Punktion oder später, während der Geburt, durch eine Krankheit oder einen Unfall, behindert werden. Die Eltern müssen gemeinsam entscheiden, ob sie die Zusatzbelastung eines behinderten Kindes tragen können. Niemand kann Ihnen diese Entscheidung abnehmen. Stellen Sie sich jedoch folgende Fragen: Haben wir das Recht und den Anspruch auf ein perfektes Kind? Kann ein behindertes Kind nicht auch eine große Lernaufgabe sein, vielleicht sogar eine Bereicherung für die Familie? Gerade Eltern mongoloider Kinder berichten mir immer wieder, welche Freude sie an ihren Sprößlingen haben, wie liebevoll und liebebedürftig diese sind. Einige Male habe ich auch den Ausspruch von Müttern solcher Kinder gehört: »Ein Engel wurde uns geschenkt!«

❧ Erzengelmeditation für jeden Tag

Entzünden Sie die Altarkerze, und nehmen Sie die Bergkristallspitze in die Hand. Aktivieren Sie den Bergkristall diesen Monat, indem Sie mit dem Zeigefinger der linken Hand 21mal von der Basis bis zur Spitze reiben. Sprechen Sie dabei 21mal den Namen des Erzengels Raziel, und stellen Sie sich dabei helles, gleißendes Licht vor, von dem Sie und der Bergkristall eingehüllt werden. Plazieren Sie den Kristall dann aufrecht stehend auf Chockmah, wo er 28 Tage stehen wird, und bitten Sie den Erzengel Raziel, seine Energien auf den Bergkristall, auf Sie und Ihr Kind zu übertragen. Verharren Sie einige Minuten mit geschlossenen Augen, und lassen Sie die Energie auf sich wirken.

Heilkräuter und Tips

Übelkeit und Erbrechen sind wohl die bekanntesten Anzeichen einer beginnenden Schwangerschaft. Leider behaupten einige Psychoanalytiker, das Schwangerschaftserbrechen sei ein Zeichen dafür, daß die Frau einen Ekel vor ihrem Ehemann habe oder den Wunsch empfinde, das Kind über den Mund abzutreiben, es wieder »auszukotzen«. Diese absurden Behauptungen erzeugen bei vielen Frauen Schuldgefühle. Hätten diese »Fachleute« (in der Regel Männer!)

recht, wäre der größte Teil der weiblichen Menschheit eine perverse Mixtur aus Männerhasserinnen und Kindesmörderinnen. Denn in allen Kulturen der Erde sind Frauen mehr oder weniger stark von der Schwangerschaftsübelkeit betroffen. Die Aborigines in Australien kennen sie genauso wie die Pygmäenfrauen in Zaire, die Chinesinnen, die Frauen in Hawaii oder Japan. Dementsprechend gibt es in jedem Land überlieferte Rezepte gegen die Übelkeit.

Erbrechen und Übelkeit während der ersten drei Monate der Schwangerschaft sind also sicher weder Krankheit noch Psychose, sondern eine natürliche Reaktion des Körpers, dessen Hormonsystem sich jetzt umstellt und besonders viel Östrogen produziert. Je höher der Östrogenspiegel ansteigt, desto stärker die Übelkeit, da der Körper sich erst daran gewöhnen muß. Das Östrogen hat aber die Aufgabe, eine Fehlgeburt zu verhindern und ein sicheres Einnisten des Fötus in der Gebärmutter zu gewährleisten. Medizinische Studien belegen, wie wichtig dieser Schutzmechanismus ist: Frauen, die während der ersten drei Monate stark an Übelkeit leiden, haben weniger Fehlgeburten als jene, denen es in dieser Zeit gutgeht. Die Natur hat also gut vorgesorgt, denn nicht das »Auskotzen«, sondern das Schützen des beginnenden Lebens ist vordergründiges Ziel. Daß es dabei der Mutter nicht so gutgeht, spielt keine Rolle, denn die Natur schützt in diesem Fall den Schwächsten, den Fötus. Für die Mutter kann dies eine Lernaufgabe werden, auf ihr inneres Gefühl zu achten und nur das zu essen, was ihr bekommt und damit auch ihrem Baby guttut. Und sie kann sich darüber hinaus innerlich schon auf die Geburt vorbereiten. Im Körper geschieht etwas, was sich nicht unbedingt steuern läßt. Wehrt sie sich dagegen (gegen das Erbrechen oder gegen die Geburtswehen), so wird es fast unerträglich. Läßt sie das Erbrechen zu, sieht sie es als einen Prozeß, der jetzt einfach zu durchlaufen ist, ob sie will oder nicht, so wird es einfacher, ist es gar nicht mehr so schlimm. Wenn wir das Unabänderliche akzeptieren, ist es kein Feind mehr, sondern wird zum Freund.

Gegen Übelkeit und Erbrechen gibt es kein Allheilmittel. Jede Frau muß für sich herausfinden, was ihr persönlich hilft. Meistens dauert dieses Unwohlsein bis zum Beginn des vierten Monats und hört von selbst auf, wenn sich die Hormone stabilisieren. Bei meiner ersten Schwangerschaft war ich ganz besonders von Übelkeit geplagt. Bis zum Ende der Schwangerschaft war ich der Toilettenschüssel immer sehr nahe. Ich war extrem geruchsempfindlich und vertrug auch keine Autofahrten. Wenn sich kalter Schweiß in meinen Handflächen bildete, mir schwindelig wurde, mein Mund sich zusammenzog, sich vermehrt Speichel ansammelte und ich wie verrückt zu schlucken begann, damit nicht gleich alles hochkam, half mir oft, mich auf den Boden zu legen, die Füße auf dem Boden aufgestellt oder erhöht auf einen Stuhl gelegt. Dann begann ich ruhig und gleichmäßig tief in den Bauch zu atmen, bis sich mein Magen entkrampfte und mein Kreislauf wieder auf normal eingestellt war. Ich versuchte nicht mehr, mich gegen die Übelkeit zu wehren, sondern, sie anzunehmen und mich dabei zu entspannen.

GEGEN ÜBELKEIT UND ERBRECHEN

- Pfefferminze – als Tee oder als Öl im Riechfläschchen. Das kann auch unterwegs sehr hilfreich sein. (Nicht anwenden, wenn Sie in homöopathischer Behandlung sind!) Ich mußte mich jedesmal fast übergeben, wenn ich an einer Metzgerei oder Gaststätte vorbeiging und deren Gerüche wahrnahm oder wenn jemand in meiner Nähe eine Zigarette rauchte, dagegen half die duftende Minze.
- kandierter Ingwer
- frische, in Scheiben geschnittene Ingwerwurzel in heißem Wasser aufgebrüht
- häufige kleine Mahlzeiten – essen Sie, wonach es Sie gelüstet, auch wenn es noch so verrückt ist, dies hilft oft bei Übelkeit!
- Oliven – bei meiner fünften Schwangerschaft hatte ich Riesenvorräte davon im Kühlschrank, und es mußten immer schwarze griechische Kalamata-Oliven aus dem Bioladen sein, mit anderen gab ich mich nicht zufrieden.
- Salzkräcker
- frische Luft

- die Bachblüten Walnut und Olive
- eine individuell für Sie zusammengestellte Bachblütenmischung (Das hat mir bei meiner zweiten Schwangerschaft sehr geholfen; ich habe mir anhand eines Bachblütenbuches meine Mischung sogar selbst zusammengestellt.)

Ernährung

Lassen Sie sich nicht von diversen Ernährungsempfehlungen verrückt machen. Spüren Sie in sich hinein, worauf Sie Appetit haben, riechen Sie am Essen, jetzt ist ja Ihr Geruchsempfinden sehr sensibilisiert, und essen Sie, was Ihnen bekommt. Das heißt, als Vegetarier, falls Sie starke Gelüste danach haben, durchaus auch einmal Fleisch. Als Veganer vielleicht Käse oder Eier. Haben Sie dann kein schlechtes Gewissen, sondern essen Sie mit Genuß! Ihr Körper signalisiert Ihnen, was Sie im Augenblick brauchen. Die berühmte saure Gurke während der Schwangerschaft zum Beispiel enthält besonders viel von einem Vitamin namens PQQ, das für den Aufbau der Plazenta benötigt wird.

Natürlich ist es von Vorteil, auf biologisch erzeugte Lebensmittel zurückzugreifen, die energetisch hochwertiger sind und weniger Giftstoffe eingelagert haben als konventionell erzeugte Nahrung.

Lied der Mutter für ihr Kind

Jack Kornfield erzählt eine wunderschöne Geschichte in seinem Buch »Frag den Buddha und geh den Weg des Herzens«:

In Ostafrika gibt es einen Stamm, in dem wahre Nähe bereits vor der Geburt gefördert wird. In diesem Stamm gilt als Tag der Geburt eines Kindes nicht der Tag der tatsächlichen Geburt, und auch nicht der Tag der Empfängnis, wie in anderen Dorfkulturen. Für diesen Stamm ist der Tag der Geburt dann gekommen, wenn die zukünftige Mutter zum ersten Mal an ihr Kind denkt. Wenn sie sich ihrer Absicht, mit einem bestimmten Vater ein Kind zu empfangen, bewußt ist, setzt sie sich allein unter einen Baum. Dort lauscht sie in sich hinein, bis sie das Lied des Kindes hören kann, das sie zu empfangen hofft. Wenn sie es gehört hat, kehrt sie in ihr Dorf zurück und gibt das Lied an den zukünftigen Vater weiter, damit sie es gemeinsam singen können, während sie sich lieben, wobei sie das Kind einladen, mit einzustimmen. Nach der Empfängnis des Kindes singt sie es dem Baby, das in ihrem Leib heranwächst, vor. Dann bringt sie das Lied den alten Frauen und Hebammen im Dorf bei, so daß das Kind während des Geburtsvorgangs und im wunderbaren Augenblick der Geburt mit seinem Lied begrüßt wird. Nach der Geburt lernen alle Dorfbewohner das Lied des neuen Stammesmitglieds und singen es dem Kind vor, wenn es sich weh tut. Es wird zu Zeiten des Triumphs oder bei Ritualen und Initiationsriten ge-

sungen. Das Lied wird Teil der Heiratszeremonie, wenn das Kind erwachsen ist, und am Ende seines Lebens versammeln sich die Angehörigen an seinem Sterbebett und singen sein Lied ein letztes Mal.

Vor Jahren stellten Verhaltensforscher fest, daß bereits *in ovo* (im Ei) eine Informationsübertragung von der Henne auf das künftige Küken möglich ist. Aus Eiern, die von einer Singvogelart stammten, aber von Vögeln ohne die Fähigkeit zu singen bebrütet wurden, schlüpften mit hoher Wahrscheinlichkeit Vögel, die nicht singen konnten. Weitere Versuche wurden mit Brutvögeln durchgeführt, die anders sangen als die Legevögel. Es stellte sich heraus, daß die Jungen in den meisten Fällen ihren Gesang nach dem Vorbild der Adoptiveltern abänderten. Wenn dies bei Vögeln möglich ist, mit welchen Einflüssen von Tönen muß dann erst bei einem Kind im Mutterleib gerechnet werden!

Jeder Ton ist Schwingung mit einer bestimmten Eigenschaft, einer bestimmten Information.

Diese Schwingung wird vom Säugling wahrgenommen und wirkt auf ihn. Spätestens mit viereinhalb Monaten ist das Gehör des Fötus ausgebildet. Wir wissen aber auch, daß selbst ein tauber Mensch, wenn er sehr sensibel ist, Musik mit seinem ganzen Körper wahrnehmen kann. Also wirken die Töne nicht nur über das Gehör, sondern über die Sensoren des gesamten Körpers.

Der Embryo erlebt sie bereits sehr früh als Vibrationen um sich herum. Das Ungeborene und auch später noch der Säugling hört die Musik in Farben und Gefühlen. Jeder Ton hat seine Farbe. Und so wie Blau beruhigend auf uns wirkt, während Rot anregt, so wirken auch die Töne. Wer sich intensiver mit der praktischen Kabbalah auseinandersetzt, weiß, daß man mit Farben und Tönen Heilung unterstützen kann, bestimmte Eigenschaften zu fördern oder zu bremsen in der Lage ist. Das kabbalistische Sprechen, in dem Töne in Verbindung mit Lauten und Farben eingesetzt werden, ist die sogenannte Ursprache. Am Anfang war das Wort ...

Der bekannte Musikforscher Joachim-Ernst Berendt wies an vielen Beispielen nach, daß die Erscheinungen unserer Welt in musikalischen Intervallen geordnet sind. Sie bilden zusammen die große Harmonie des Kosmos. Johannes Kepler entdeckte im 17. Jahrhundert, daß die Geschwindigkeiten, mit denen sich die Planeten auf ihren Bahnen bewegen, in einem musikalischen Verhältnis zueinander stehen. Wenn man die Zahlenverhältnisse ihrer Umlaufbahnen in einen Synthesizer eingibt, werden Planetentöne hörbar. Johann Wolfgang Goethe formulierte das so:

Die Sonne tönt in alter Weise,
in Brudersphären Weltgesang,
und ihre vorgeschrieb'ne Reise
vollendet sie mit Donnergang.

JOHANN WOLFGANG VON GOETHE

❧ Klang-Übung

Jeder Vokal hat eine bestimmte Wirkung auf den materiellen und auch auf den feinstofflichen Körper und kann sowohl Ihr eigenes Wohlbefinden als auch das Ihres Kindes günstig beeinflussen und stärken. Diese Übung können Sie gemeinsam mit Ihrem Partner durchführen. Ideal wäre es, bis zum Ende der Schwangerschaft, oder sogar darüber hinaus, täglich zu üben. Sie werden feststellen, daß Sie sich dabei energetisch aufladen und vitaler werden. Das liegt daran, daß die Energiezentren (Chakras) ihre Schwingung erhöhen, wodurch sich Blockaden im feinstofflichen System auflösen können.

- *Stellen Sie sich aufrecht hin, die Arme etwas nach außen ausgestreckt, schließen Sie die Augen, und atmen Sie tief in den Bauchraum ein. Beim Ausatmen lassen Sie den Vokal A (»Aaaaaaaaa...«) in der Tonhöhe g erklingen (ermitteln Sie mit Hilfe eines Spielzeug-Xylophons den jeweils angegebenen Ton). Visualisieren Sie dabei die Farbe Hellblau. Machen Sie dies ca. drei Minuten lang. Das A erklingt im Brustraum und öffnet das Herz.*

- *Stellen Sie sich jetzt für ca. drei Minuten mit vor der Brust angewinkelten und leicht überkreuzten Armen aufrecht hin. Lassen Sie den Vokal E (»Eeeeeeee...«) im Ton D erklingen. Visualisieren Sie dabei ein dunk-*

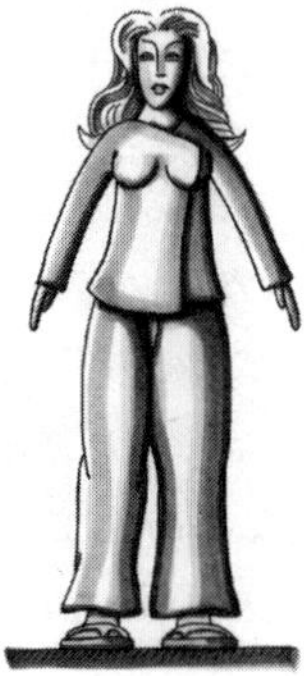

Aaaa

Eeee

Iiii

Oooo

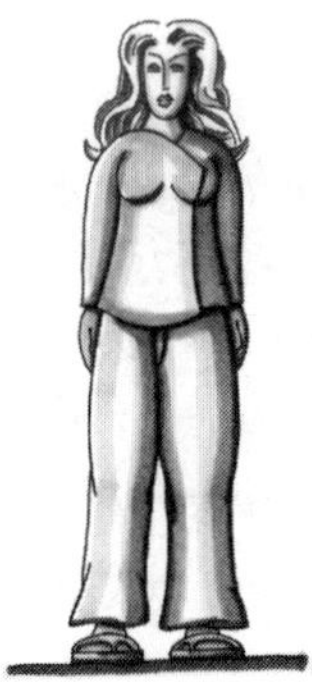

Uuuu

les Violett; diese Farbe verbindet Sie mit dem kosmischen Bewußtsein.

- *Die nächsten drei Minuten singen Sie den Vokal I (»Iiiiiiii...«), wieder in der Tonlage g. Stehen Sie dabei aufrecht, die rechte Hand nach oben gestreckt, die linke nach unten am Körper. Visualisieren Sie ein glitzerndes helles Opal (Weiß mit vielen kleinen Farbsprenkeln in allen Farben). Dadurch werden Sie zentriert und energetisiert.*

- *Stellen Sie sich aufrecht hin, die Arme vor dem Bauch, als ob Sie einen großen Ball halten würden. Lassen Sie das O (»Oooooo...«) in der Tonhöhe c erklingen, und visualisieren Sie die Farbe Ultramarinblau (drei Minuten lang). Ihr gesamtes Wesen wird dadurch harmonisiert und ausgeglichen.*

- *Stellen Sie sich nun für die nächsten drei Minuten aufrecht hin, die Arme hängen seitlich am Körper herunter, die Fingerspitzen zeigen in Richtung Boden. Singen Sie in der Tonhöhe h ein langgezogenes U (»Uuuuuuu...«), und visualisieren Sie dabei die Farbe Samtschwarz. Der Raum um Sie herum löst sich auf, alles weitet sich ins Unendliche.*

- *Bleiben Sie noch ein wenig stehen, und spüren Sie Ihren Körper.*

Der Gesang der Mutter ist ein von Liebe getragener Monolog, denn die Mutterstimme ist in dem Frequenzbereich angesiedelt, in dem sich der Klang des Lebens manifestiert. Die Mutter ist die Bewahrerin und Übermittlerin der Lebensbejahung. Mutter und Leben sind eins. Der Klang des Lebens macht aus dem Kind einen Menschen und aus der Frau eine Mutter.

Bereits mit viereinhalb Monaten ist das Gehör des Ungeborenen vollständig entwickelt. Die durch den Mutterleib gefilterten Töne werden als Schallwellen vom Ohr des Kindes aufgenommen und von dort als bioelektromagnetische Signale an die Großhirnrinde geleitet. Dadurch wird die Reifung des Gehirns maßgeblich gesteuert. Sogar das, was das Gehirn des Kindes über die allerersten Hörzellen aufnimmt, die sich bereits sieben bis acht Tage nach der Befruchtung bilden, regt es zu Organbildung und Wachstum an.

Was das Kind hört, hat Einfluß auf seine Art zu denken und zu fühlen. Es hört durch die Wand der Gebärmutter die gedämpften Geräusche von außen, aber auch die Knochen der Mutter leiten Geräusche von ihrem Ohr oder von ihrer Stimme über ihre Gehirnknochen an der Wirbelsäule nach unten. Diese verstärken sich dann im Becken. Da die Knochen sehr luftige Gebilde sind, leiten sie Töne sehr gut weiter. Das Kind kann so zum Beispiel die Dialoge zwischen Mutter und Vater miterleben und durch das Mitspüren der Emotionen der Mutter angenehme von unangenehmen Stimmen oder Geräuschen unterscheiden.

Alfred Tomatis, ein französischer Hals-Nasen-Ohren-Arzt sagt: *Das Kind dreht sich gegen Ende der Schwangerschaft mit dem Kopf nach unten, weil es, von den Beckenknochen umgeben, mehr hört. Im Becken klingt es wie in einer Kathedrale. Das hört das Baby gern.*

Man hat Neugeborenen eine Geschichte von der eigenen Mutter und von fremden Frauen vorlesen lassen. Die Kinder erkannten die Stimme der Mutter sofort, was sich in einem veränderten Saugverhalten am Schnuller bemerkbar machte. Geschichten, welche die Mutter ihrem Kind bereits während der Schwangerschaft vorgelesen hatte, wurden von den Kindern bevorzugt.

Ob Sie als Mutter harmonische Musik anhören oder im Fernsehen einen Horrorfilm ansehen – das Kind hört mit und bekommt die Gefühle mit, die dabei bei Ihnen entstehen. Es ist daher wichtig, gerade während der Schwangerschaft genau darauf zu achten, mit wem oder womit Sie sich umgeben, denn Ihr Kind wird maßgeblich davon geprägt.

Ich möchte Sie dazu ermutigen, für Ihr Kind zu singen. Tragen Sie über Ihre Stimme Ihre Liebe und Fröhlichkeit ins Herz Ihres Kindes. Singen Sie während der Schwangerschaft ein ganz bestimmtes Lied, das Ihnen gefällt, und zwar immer wieder. Ihr Kind wird es nach der Geburt wiedererkennen, und Sie können es mit diesem Lied beruhigen, wenn es weint oder nicht schlafen kann. Unsere Stimmen verstummen immer mehr in einer Zeit der digitalen Musikberieselung. Früher sangen die Handwerker ihre Lieder, die Bauern auf dem Feld holten beim gemeinsamen Gesang die Ernte ein, der Wanderer sang seine Wanderlieder. Mit Musik ging alles leichter, und die Menschen waren fröhlicher als heute.

Brigitte Widmaier schreibt dazu in ihrem Buch »Heile Segen«: »Die Musik zählte im Gefüge der sieben freien Künste lange Zeit zusammen mit Arithmetik, Geometrie und Astrologie zum Quadrivium, zu jener Vierzahl, deren Studium eine strenge Auswahl der Schüler voraussetzte, sogar Geheimhaltung zur Wahrung der reinen Lehre. Dagegen wurden die Fächer Rhetorik, Grammatik und Dialektik, zusammengefaßt zum Trivium, in den offiziellen Schulen gelehrt – so konnte Trivium zu trivial verkommen. Doch schon Alkuin, der Lehrer Karls des Großen, forderte seinen mächtigen Schüler auf, die Musik nicht nur geheim überliefern zu lassen. Er verlangte, Prüfer einzusetzen, um Ordensleute und Priester zu beobachten, ob sie tatsächlich alle Kinder, gleich welcher Herkunft, in der Musik unterwiesen. Denn, so schreibt er in seinen Briefen an den Herrscher, das Stundengebet (gesungen!) ist sowohl zur Ehre Gottes wie zur Heilung des Menschen notwendig. Auch Augustinus, Hrabanus Maurus und Boethius kommen zu dem Schluß, daß Musik zwar eine Geheimwissenschaft, aber zugleich für alle notwendig sei.«

Wenn Sie den Mut gefaßt haben und die ersten Töne wagen, werden Sie feststellen, wieviel Freude es bereitet, ein Kinderlied zu singen. Sie werden spüren, wie Ihr Herz aufgeht und Ihre Liebe in warmen Strömen zu Ihrem Kind fließt und es einhüllt in liebevolle Geborgenheit.

Kinderlieder sind von allen Liedgattungen am konsequentesten pentatonisch aufgebaut. Die Pentatonik ist ein uraltes Fünftonsystem, dessen Anwendung bis ins dritte Jahrtausend vor Christus belegt ist. Schon im alten China wurde mit einer pentatonisch gestimmten Leier geheilt. Der Schamane singt seine heilenden Mantras und Klänge in der Pentatonik, und wer frisch verliebt ist, beginnt auch in unserer stimmlosen Zeit oft, pentatonische Melodien zu summen. Die alten Kinderlieder entsprechen notengetreu den gregorianischen Gesängen und den Heilig-Geist-Gesängen. Uralte Weisheiten offenbaren sich in den Kinderliedern, sie sind die letzten Überreste einer stolzen Gruppe von Heil- und Zauberliedern.

Die Lieder können, wie es früher üblich war, mit Rasseln, Zimbeln und Glockenspielen begleitet werden. Wenn Sie keine Noten lesen können, behelfen Sie sich mit einem Kinderxylophon. Die Noten sind auf den einzelnen Metallplättchen angegeben, so können Sie die Melodie ganz leicht nachspielen.

Viele traditionelle Wiegenlieder aus aller Welt enthalten keine Worte, sondern Klanggebilde, ähnlich einem Mantra. Sie können diese Laute mit einer einfachen Melodie verbinden, die Sie selbst komponieren. Oder Sie erfinden selbst ein Lied mit Klanglauten oder richtigem Text für Ihr Kind. Dann hat Ihr Baby von Anfang an sein eigenes Lied. Ganz einfach geht das mit dem Spielzeug-Xylophon. Schreiben Sie sich die Noten auf, wenn Sie sich einmal festgelegt haben, und singen Sie das Lied jeden Tag für Ihr Kind. Vielleicht mag auch der Papa oder die Oma mitsingen.

*LIEDER MIT NOTEN**

Wenn Sie kein Instrument beherrschen, können Sie die heller geschriebenen Notenangaben unter dem Text nutzen, um die Lieder z.B. auf einem Spielzeug-Xylophon nachzuspielen, auf dessen Stäben die Noten aufgemalt sind.

*Quelle: Ingeborg Weber-Kellermann: Das Buch der Kinderlieder

Ein Männlein steht im Walde

Text: Heinrich Hoffmann von Fallersleben, Musik: Volksweise (seit 1800)

Weißt du, wie viel Sternlein stehen

Text: Wilhelm Hey (1789 – 1854), Musik: Volksweise (seit 1842)

2. Weißt du wie viel Mücklein spielen
in der heißen Sonnenglut,
wie viel Fischlein auch sich kühlen
in der hellen Wasserflut?
Gott der Herr rief sie mit Namen,
daß sie all ins Leben kamen,
I: daß sie nun so fröhlich sind.:I

3. Weißt du, wie viel Kindlein frühe
stehn aus ihren Bettlein auf,
daß sie ohne Sorg' und Mühe
fröhlich sind im Tageslauf?
Gott im Himmel hat an allen
seine Lust, sein Wohlgefallen,
I: kennt auch dich und hat dich lieb.:I

Schlaf, Kindlein, schlaf

2. Schlaf, Kindlein, schlaf!
Am Himmel zieh'n die Schaf:
Die Sternlein sind die Lämmerlein,
der Mond der ist das Schäferlein.
Schlaf, Kindlein, schlaf!

3. Schlaf, Kindlein, schlaf!
So schenk ich dir ein Schaf
mit einer goldnen Schelle fein,
das so dein Spielgeselle sein.
Schlaf, Kindlein, schlaf.

Text: Joachim Campe (1746 – 1818),
Musik: Johann Friedrich Reichardt (1752 – 1814)

Es tanzt ein Bi-Ba-Butzemann

Text: aus »Des Knaben Wunderhorn« Musik: Wenzel Müller (1767–1835)

Guten Abend, gut' Nacht

Text: aus »Des Knaben Wunderhorn« Musik: Johannes Brahms (1833-1897)

Nachfolgende Klanggebilde, wurden dem Buch *»Sanfte Klänge«* von Margarita Klein und Hartmut Höfele entnommen:

Traditionelles Babylied (aus dem arabischen Sprachraum):

A-ram sam sam
a-ram sam sam
gulli gulli gulli gulli gulli
ram sam sam
arafi arafi
gulli gulli gulli gulli gulli
ram sam sam

Das folgende stammt aus Holland:

O-se wi-se
Wo-se wi-se
Wal-la ristal-la
Kris-tose wise
Wo-se-wi-se
Wies wies wies wies

Aus Lappland kommt dieses Lied, das ich selbst als Kind sehr geliebt habe:

Atte katte nuwa
Atte katte nuwa
E misa
De misa
Dulla misa de

Um Ihr Kind und sich selbst immer wieder mit harmonischen Klängen zu umgeben, können Sie verschieden gestimmte Windspiele in der Wohnung aufhängen. Qualitativ gute Klangröhren sind nach den Planetentönen gestimmt und deshalb besonders harmonisch. Auch Klanghölzer aus Bambus oder aus verschiedenen einheimischen Hölzern, die im Wind aneinanderklappern, erzeugen eine »magische« Stimmung. Eine Windharfe besteht aus mehreren Saiten und einem Klangkörper aus Holz. Sie wird im Freien aufgehängt, und wenn der Wind über die Saiten streicht, erklingt ein elfengleiches Klangspiel. Meine Schwägerin hat kleine tibetische Glöckchen an den Kinderwagen gehängt. Jedesmal, wenn sie durch die Fußgängerzone ging, erklang wunderschönes Glöckchengeläut.

Eine Spieluhr, die Sie schon während der ganzen Schwangerschaft an Ihren Bauch halten, wird Ihr Kind ebenfalls wiedererkennen und beruhigend empfinden. Gehen Sie auf die Suche nach einem Lied, das Ihnen gefällt.

Märchen

Nehmen Sie wieder den Bergkristall in die linke Hand und lesen Sie diesen Monat:

Die beiden Brüder

Die beiden Brüder Nefer und Fratabus begaben sich wie jeden Morgen in den nahe gelegenen Wald, um Bäume zu fällen. Da entdeckten sie einen besonders stattlichen großen alten Baum. »Oh, sieh nur, Nefer, dieser Baum wird uns eine Menge Geld einbringen!« Fratabus schwang seine Axt und hieb in den dicken Stamm. »Haltet ein, bitte haltet ein!« jammerte da eine tiefe Stimme, die direkt aus dem Baumstamm zu kommen schien. Nefer und Fratabus senkten erschrokken die Axt und liefen suchend um den Baumstamm. Hatten sie aus Versehen einen Menschen mit der Axt verletzt? Nein, es war niemand zu sehen. Kopfschüttelnd gingen sie wieder an die Arbeit.

Nun holte Nefer mit seiner Axt aus und schlug eine Kerbe in den Stamm, worauf ein markerschütternder Schmerzensschrei erklang. Nefer und Fratabus ließen vor Entsetzen ihre Äxte fallen. »Wer schreit denn hier? Hallo, wo bist du?« Nefers Stimme zitterte. Da ertönte erneut die tiefe Stimme. »Ich bin der Baum, den ihr gerade töten wollt. Bitte laßt mich am Leben, ihr werdet es nicht bereuen. Zwei Ellen über euch in einem Astloch liegen zwei Säckchen. Nehmt sie euch.« Fratabus

STEPHAN FAUST '03

griff in das Astloch und entdeckte tatsächlich zwei Beutel. In jedem davon befanden sich zwölf goldene Taler. Nefer und Fratabus bedankten sich bei dem alten Baum und versprachen, ihn in Ruhe zu lassen. Die beiden begaben sich auf den Heimweg, und jeder überlegte, was er wohl mit seinem neuen Reichtum anfangen würde. Bei sich angekommen, verabschiedete sich Fratabus von seinem Bruder und vergrub seinen Beutel sogleich im Garten seines Hauses, damit ihn niemand bestehlen konnte. Nefer, der ein gutes Herz hatte, war anders gestrickt. Er hatte noch ein Stück zu gehen, und als er am Straßenrand eine alte blinde Frau sitzen sah, die um ein Almosen bat, schenkte er ihr einen Goldtaler. Ein Stück weiter des Weges begegnete er einem Trauerzug. Als er fragte, wer denn gestorben sei, erzählte man ihm, der Schmied sei vom Huf eines Pferdes tödlich getroffen worden und hinterlasse eine junge Frau mit acht Kindern, die jetzt wohl der Armut anheimfallen würden. Da ging Nefer zu der jungen Witwe und gab ihr zehn Taler, damit sie ihre Kinder ernähren könne. Nun hatte er nur noch einen Taler für sich, doch das kümmerte ihn nicht. Zufrieden ging er nach Hause und legte sich ins Bett.

Als er am nächsten Morgen aufstand und den fast leeren Beutel umbinden wollte, wunderte er sich, wie schwer er war. Er öffnete ihn und sah, daß er über und über mit Gold gefüllt war. Da lief er zu seinem Bruder, um ihn zu fragen, ob es ihm genauso ergangen sei.

Dieser grub aufgeregt seinen Beutel aus. Als er ihn jedoch öffnete, befanden sich darin nur wertlose Steine.

3. Monat

9. bis 12. Woche • 57. bis 84. Tag

Der Fötus hat sich nun in der Gebärmutter fest eingenistet. Seine Proportionen verändern sich immer stärker, wobei der Kopf noch immer ungefähr ein Drittel der gesamten Körperlänge ausmacht. Das Schädeldach bildet sich schützend um das Gehirn. Die Organsysteme verbinden sich untereinander immer mehr, und Gehirn und Nervenbahnen spielen von nun an eine wichtige Rolle. Der kleine Fötus bewegt seine Arme und Beine und kann auch mal einen Schluckauf bekommen.

Binah – Verstehen

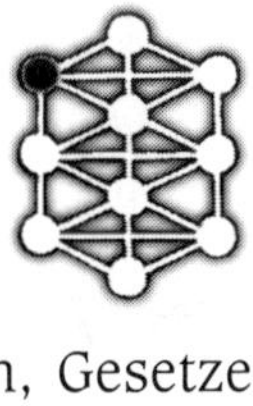

- Sphäre: In der Sephirah Binah wird die zuvor in Bewegung gebrachte Energie gebunden und in Form gebracht. Hier ist die Welt der Gedanken, Gesetze und Ideen, wo der Intellekt zu Hause ist. Die Karmaengel entscheiden hier, welche karmischen Altlasten aus den Vorleben auf die neue Inkarnation einwirken sollen.
- Planet: Saturn ist der Planet, der in diesem Be-

reich seinen Einfluß geltend macht. Er steht für Stabilität, Konzentration, Reduktion auf das Wesentliche. Er ist das Urprinzip der Selbstdisziplin, der unermüdlichen Arbeit an sich selbst. Saturn ist das Maß aller Dinge, der Hüter der Schwelle. Er ist der Karmaplanet, der diszipliniert, wenn der Mensch unberechtigt Grenzen überschreitet. Dann zeigt er uns unsere Ängste und Schwächen auf. Viele Menschen haben Angst vor dem Einfluß Saturns. Er kann uns jedoch ungeahnte Möglichkeiten eröffnen, wenn wir uns auf seine Energie einlassen können und sie positiv nutzen. Dieser Sphäre verdankt der Mensch seine Intuition, im spirituell und magisch ungeschulten Menschen äußert sie sich als Gewissen.

- METALL: Blei
- ENGEL: Die in der Sephirah Binah herrschenden Engel heißen Er'elim oder Throne.
- ERZENGEL: Zaphkiel, das Auge Gottes, ist der Erzengel von Binah.

➡ *Praxis:*

Erzengelmeditation für jeden Tag

Gehen Sie vor wie in den beiden vergangenen Monaten. Aktivieren Sie diesen Monat Ihren Bergkristall mit dem

Mittelfinger der rechten Hand, und verbinden Sie sich mit dem Erzengel Zaphkiel. Der Kristall steht diesen Monat auf Binah.

Heilkräuter und Tips

Körperöl

zur Vorbeugung von Schwangerschaftsstreifen

Während der Schwangerschaft sollte eine Frau ihren Körper ganz bewußt wahrnehmen und ihn liebevoll pflegen. Da sich die Haut während der Schwangerschaft stark ausdehnt, benötigt sie besondere Aufmerksamkeit. Schwangerschaftsstreifen entstehen durch den Mangel an einem Nebennierenrindenhormon (Cortison) in Verbindung mit der Dehnung der Haut an der Brust, am Bauch und an den Oberschenkeln. Um dem vorzubeugen, muß daher schon jetzt mit geeigneten Maßnahmen begonnen werden, bevor der Bauch wächst.

Massieren Sie sich mit einem guten kaltgepreßten Olivenöl, in das Sie einige Tropfen ätherisches Geraniumöl (dessen Wirkstoffe Schwangerschaftsstreifen vorbeugen) geben können. Kneten Sie die Haut Stück für Stück durch, indem Sie die Haut in Falten hochrollen. Dadurch wird das Unterhautzellgewebe an eine gewisse Dehnung gewöhnt und geschmeidig gemacht. Falls Sie den Geruch von Olivenöl nicht mögen, können Sie auch Weizenkeimöl (Vitamin-E-haltig) oder süßes Mandelöl verwenden. In Bioläden und Reformhäusern gibt es auch fertige Schwangerschaftsöle zu kaufen. Besonders schön und erotisch kann es übrigens sein, vom Partner massiert zu werden.

Eine Erhöhung des körpereigenen Cortisonspiegels erreicht man durch tägliches Wassertreten in den frühen Morgenstunden (Anwendung nach Kneipp). Dadurch wird auch der Kreislauf angeregt sowie Krampfadern und Stauungen in den Beinen vorgebeugt.

- 100 ml kaltgepreßtes Olivenöl
- 15 Tropfen ätherisches Geraniumöl

Sie können das Körperöl mit dem folgenden Mantra energetisch aufwerten, indem Sie die Ölflasche in die Hand nehmen, schütteln und 108mal das nachfolgend beschriebene Tara-Mantra hineinsprechen.

Mantras

Für die werdende Mutter:

Ein besonders schönes Mantra während der Schwangerschaft ist der buddhistischen Gottheit Tara gewidmet. Die grüne Tara ist die Göttin des tätigen Mitgefühls und des Schutzes. Sie wird im allgemeinen in der Lotosposition sitzend dargestellt, den rechten Fuß nach vorn gestreckt, bereit, mit ihrem aktiven Mitgefühl in die Welt zu treten. Ihre rechte Hand liegt meist mit der Handfläche nach oben flach auf ihrem Knie in der Gestik des Gebens. Auf der Höhe ihres Herzens hält sie in der linken Hand eine blaue Lotusblüte, das Symbol für Reinheit und Macht. Tara wird als wundersame Retterin verehrt, die alle Wesen vor Leid bewahrt. Sie gilt als die Mutter aller Buddhas und kann uns als Schirmherrin der Schwangerschaft ihre Weisheit und Hilfe zuteil werden lassen.

Zur Überwindung von Schwierigkeiten, Hindernissen und Gefahren wird ihre Weisheit, ihr Mitgefühl und ihre Stärke mit folgenden Worten angerufen:

OM TARE TUTTARE TURE SVAHA

Wiederholen Sie dieses Mantra so oft wie möglich laut, damit es auch Ihr Kind hört. Sie können dazu eine Gebetskette (Mala) verwenden. Lassen Sie das Mantra den ganzen Tag in Ihren Gedanken kreisen, bis Sie eins werden mit der Schwingung. Dann werden Sie selbst in der Nacht, wenn Sie aufwachen, sofort das Mantra in Ihren Gedanken haben.

Für den werdenden Vater:

Der zukünftige Vater kann seine Hände auf Ihren Bauch legen und ganz nah mit seinem Mund am Bauch so oft wie möglich folgendes Mantra murmeln:

OM A HUM VAJRA GURU PADME SIDDHI HUM

Tara, die weibliche Bodhisattva

Dieses Mantra stammt von Padmasambhava und spendet Ihrem Kind den Segen sämtlicher Buddhas. Padmasambhava (Sanskrit) heißt übersetzt: »Der aus dem Lotus Geborene«. Er ist einer der historisch belegten Begründer des tibetischen Buddhismus. Er lebte um 750 n. Chr. und wird als der zweite Buddha verehrt. Durch das Rezitieren dieses Mantras erhält man Vitalität und findet tiefen inneren Frieden und Ausgeglichenheit.

Den Beckenboden stärken

Der Beckenbodenmuskel hat die Form einer 8 und umschließt After, Scheide und Harnröhre. Eine sehr wichtige Vorbereitung auf die Geburt ist das Stärken dieses Muskels. Dadurch lernen Sie, willkürlich Ihre Scheide und den gesamten Beckenbodenbereich zu entspannen. Auch nach der Geburt sollte das Training des Beckenbodens weitergeführt werden, um einer Gebärmuttersenkung oder Blasenschwäche vorzubeugen.

Versuchen Sie täglich, so oft Sie können, den Beckenboden anzuspannen und wieder locker zu lassen. Am leichtesten bekommen Sie ein Gefühl für diese Muskulatur, wenn Sie auf der Toilette das Wasserlassen durch Anspannen des Muskels unterbrechen und dann fortfahren, indem Sie ihn wieder entspannen. Gewöhnen Sie sich an, beim Wasserlassen fünfmal anzuhal-

ten und wieder loszulassen. Achten Sie dabei auf Ihre Atmung: Halten Sie nicht die Luft an, sondern atmen Sie normal weiter. Ihre Lippen sollten leicht geöffnet sein und die Zunge locker im Mund liegen.
Machen Sie die Beckenbodenübung des An- und Entspannens des Muskels, wo immer Sie können: Wenn Sie an der Bushaltestelle warten oder an der Kasse im Supermarkt stehen, wenn Sie im Büro sitzen oder im Café. Versuchen Sie die Zeit der Anspannung immer mehr zu verlängern. Zählen Sie im Sekundenrhythmus mit. Beginnen Sie mit drei bis vier Sekunden, und steigern Sie bis zehn. Achten Sie stets auf die Atmung und eine entspannte Gesichtsmuskulatur.
Es gibt drei horizontale Bereiche im Körper, die synchron miteinander arbeiten. Dies sind der Kehlkopf, das Zwerchfell und der Beckenboden. Der Kehlkopf wird durch eine entspannte Zunge gelockert, das Zwerchfell über die richtige Atmung und der Beckenboden durch Muskeltraining. Der Mund korrespondiert mit dem Muttermund. Schaffen Sie es, den Mund während der Geburt zu entspannen und die Lippen leicht zu öffnen, so ist auch der Muttermund entspannt und kann sich öffnen. Der Mundraum mit einer entspannten Zunge öffnet den Kehlkopf und somit den Beckenraum. Die Kiefergelenke korrespondieren mit den Hüftgelenken. Ist der Kiefer entspannt, sind also die Zähne nicht zusammengebissen, so können sich auch die Hüftgelenke entspannen.
Eine gute Möglichkeit, das Entspannen der Becken-

bodenmuskulatur zu üben und eine Vorstellung von einer Geburt ohne Pressen zu bekommen, erhalten Sie, wenn Sie beim Stuhlgang nicht mehr mit zusammengepreßten Lippen pressen, sondern nach unten atmen, um den Stuhl locker freizugeben. Dies ist übrigens auch eine wunderbare Methode, um Hämorrhoiden vorzubeugen und bestehende nicht zu verschlimmern.
Der Schneidersitz ist eine sehr gute Möglichkeit, das Becken zu weiten. Setzen Sie sich bei jeder sich bietenden Möglichkeit in dieser Position hin. Versuchen Sie auch ab und zu, die Fußsohlen aneinanderzulegen und sanft mit den Knien zu wippen. Bleiben Sie dabei entspannt, und erzwingen Sie nichts.

Märchen

Wir lesen das Märchen:

Die Hallen des Schicksals

Renzel lag schwer atmend in seinem Krankenbett. Seine Augen blickten trüb aus tiefen dunklen Augenhöhlen und sein unrasiertes Kinn ließ sein ausgemergeltes Gesicht noch kantiger erscheinen. Er war in den besten Jahren, wie man so schön sagt, als es ihn erwischt hatte: Zuerst fühlte er sich ständig müde, dann begann sein ganzer Körper zu rebellieren. Der Arzt hatte nur noch mit den Schultern gezuckt, und so wartete Renzel jetzt resigniert auf sein Ende. Und darauf wartete er ganz allein, denn er hatte nie eine Frau gefunden, die es bei ihm aushielt. Alle, die es mit ihm versucht hatten, trieb er mit seinem Jähzorn aus dem Haus. Er konnte einfach keine Liebe in seinem Herzen spüren. Aber jetzt war dies sowieso egal. Müde schloß er die Augen.

Plötzlich entstand vor ihm ein schwarzer Strudel, der ihn aufsog und mit sich riß. Immer schneller wirbelte Renzel dem Mittelpunkt des Strudels zu. Er verlor jedes Gefühl von Zeit und Raum. Panik ergriff ihn. Was war das? Da spuckte ihn der Strudel in hohem Bogen aus, und er landete in einer riesigen Halle. Es war kalt dort. Renzel fröstelte. Ängstlich schaute er sich um. Überall in der Halle standen Kerzen. Manche sahen ganz neu und groß aus, andere waren

schon tief herabgebrannt, und immer wieder flackerte eine Kerze unruhig und verlosch dann stumm, indem sie dem Docht eine zarte Rauchfahne entweichen ließ.
Als Renzel sich noch verwirrt umsah, erschien eine große Gestalt und sprach: »Hab keine Angst Renzel. Ich tu dir nichts zuleide. Ich bin dein Schicksalsengel. Schon dein ganzes Leben wache ich an deiner Seite und registriere deine guten und schlechten Gedanken und Handlungen.«
Der Engel schaute Renzel, der plötzlich einen dicken Kloß im Hals verspürte, eindringlich an. »Sieh her. Jede Kerze hier in den Hallen des Schicksals ist mit einem Menschenleben verbunden. Verlöscht die Kerze, so stirbt der Mensch. Dort in der Felsnische, das ist deine Kerze.«
Renzel schaute in die Richtung, die der Engel ihm wies. Da brannte eine mittelgroße Kerze mit flackernder Flamme, die zu erlöschen drohte. Der Docht rußte, und das Wachs rann aus einem Riß an der Seite schnell davon und ließ die Kerze unaufhörlich kleiner werden.
»Schau in die Flamme, Renzel!« befahl der Schicksalsengel streng.
Vor Renzel tat sich plötzlich eine Frühlingslandschaft auf, und im hohen Gras sah er sich selbst gemeinsam mit einer jungen hübschen Frau in seinen Armen, die ihn verliebt ansah. Die Szene wechselte. Die junge Frau stand jetzt in Renzels Wohnung, die Augen vom Weinen verquollen. Renzel wies ihr unerbittlich die

Tür. Mit einem Balg, das wahrscheinlich nicht mal von ihm war, wollte er nichts zu tun haben. Wieder änderte sich die Vision. Die junge Frau hatte ihre ganze Schönheit eingebüßt. Ausgemergelt von Kummer, Armut und Krankheit verlosch ihr Leben. Das kleine Mädchen, das neben ihrem Bett auf der Erde spielte, wurde von den Behörden mitgenommen.

»Das hab ich nicht gewollt!« schrie Renzel schmerzerfüllt. Zum ersten Mal in seinem Leben rührte sich sein Herz und tat unendlich weh.

»Lieber Renzel«, sprach da sein Schicksalsengel, »du hast noch eine Chance, aus deinen Fehlern zu lernen. Deshalb habe ich dich hierher geführt. Wenn du dein Kind zu dir nimmst und es in Liebe umsorgst, darfst du weiterleben. Ansonsten wird deine Kerze erlöschen. Eine neue wird dann angezündet werden, und dann wird dir ein schweres Schicksal beschert sein. Denke darüber nach, und handle mit deinem Herzen.«

Mit einemmal wurde es dunkel um Renzel, und er fiel in Ohnmacht.

Als er in seinem Bett erwachte, dachte er zunächst, alles wäre ein böser Traum gewesen. Da sah er seine Lebenskerze auf dem Fenstersims stehen, die unaufhörlich Wachs blutete, und er wußte, es war kein Traum gewesen. Der ganze Schmerz, den er in den Hallen des Schicksals empfunden hatte, kehrte zurück und umklammerte sein Herz.

Er sammelte seine letzten Kräfte und ließ sich ins städtische Waisenhaus bringen. Wie aber sollte er

hier seine Tochter finden, die er nie zu Gesicht bekommen hatte? Da fielen ihm die letzten Worte des Engels ein: »Handle mit deinem Herzen.«
Er setzte sich auf die hölzerne Bank im Garten des Waisenhauses. Mindestens fünfzig Kinder tobten hier lauthals herum, und Renzel konnte den Lärm kaum ertragen. Er zitterte vor Schwäche. Ob er überhaupt die nächste Stunde überleben würde? Erschöpft schloß er die Augen und versuchte sein Herz zu spüren. Ja, es pochte schmerzhaft in seiner Brust. Da erinnerte er sich an die Vision der letzten Nacht. Das kleine Mädchen, das da am Boden gesessen hatte, ganz allein, ganz einsam, ohne Mutter, ohne Vater. Tränen rannen über sein eingefallenes Gesicht, und sein Schluchzen ließ seinen schwachen Körper erbeben.
Auf einmal spürte er eine kleine Hand auf seinem Gesicht. »Nicht traurig sein«, flüsterte ein Stimmchen in sein Ohr, »ich bin ja bei dir.«
Mit einemmal durchströmte Renzel eine Woge der Liebe und der Kraft. Er öffnete seine Augen und sah das Antlitz eines kleinen blonden Mädchens ganz nah vor seinem tränenüberströmten Gesicht. Sogleich wußte er – das war seine Tochter! Sein Zittern hörte auf, die Farbe kehrte zurück in seine Wangen. Seine Lebenskraft war wieder da.
Und ganz weit am Horizont sah er das lächelnde Antlitz seines Schicksalsengels, der seine Lebenskerze in Händen hielt – sie hatte aufgehört, ihr Wachs

auszubluten, und die Flamme brannte ruhig und gleichmäßig.

4. Monat

13. bis 16. Woche • 85. bis 112. Tag

In dieser Phase werden die Gesichtszüge des Kindes modelliert. Der Fötus ist bis Ende der 16. Woche zehn Zentimeter lang und kann jetzt die Stirn runzeln, die Lippen öffnen und schließen, mit den Fingern greifen und den Kopf drehen. Die neugebildeten Augendekkel schließen sich über den fertig entwickelten Augen und werden sich erst wieder um die 28. Schwangerschaftswoche öffnen.

Jetzt schwillt der Bauch der Mutter sichtbar an, und die normale Kleidung wird zu eng.

Chesed – Die Barmherzigkeit

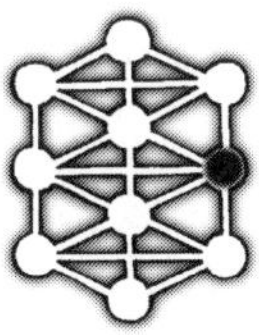

- SPHÄRE: Die Sephirah Chesed verkörpert das sich Vermehrende, Aufbauende. Sie ist das Zentrum der Welt der Formen. Alles, was in der Materie Form annehmen soll, wird hier von den Engeln vorbereitet.
- PLANET: Hier wirkt der Planet Jupiter. Expansion, Wohlstand und Glück sind wohl die bekanntesten Aspekte des größten Planeten unseres Sonnensy-

stems. Aber auch Wertmaßstäbe, Gerechtigkeit und wahre Geistigkeit gehören zu den Aspekten Jupiters. Sein negativer Einfluß macht sich als Rechthaberei, Intoleranz und Anmaßung bemerkbar.

- Metall: Zinn
- Engel: Die in Chesed wirkenden Engelmächte sind die Chaschmallim, die Funkelnden.
- Erzengel: Der Chesed zugehörige Erzengel heißt Zadkiel, das Wohlwollen Gottes.

➡ *Praxis:*

Erzengelmeditation für jeden Tag

Der Kristall wird in diesem Monat mit dem Zeigefinger der rechten Hand aktiviert. Sie verbinden sich mit dem Erzengel Zadkiel, und der Kristall wird im Lebensbaum auf Chesed plaziert.

Heilkräuter und Tips

Bäder

Warme Bäder (bis 37°C) sind während der ganzen Schwangerschaft wohltuend für Mutter und Kind. Der Körper der Mutter kann dabei entspannen und – sofern sie abends badet – sich von den Strapazen des

Tages erholen. Wenn Sie sich zudem energetisch reinigen wollen, geben Sie Salz vom Toten Meer ins Badewasser.

Mischung für ein Wohlfühlbad (eine Wannenfüllung):
- eine Tasse Totes-Meer-Salz
- einen Eßlöffel Honig
- drei Eßlöffel Olivenöl
- eine Tasse Milch
- 15 bis 30 Tropfen eines ätherischen Öls Ihrer Wahl:

Rose:
tonisierend für Herz, Magen, Leber und Gebärmutter, beruhigend, nervenstärkend
Geranium:
krampflösend, schmerzstillend, kreislaufanregend, gegen Infektionen und Pilzerreger, bei Ängsten, zur Vorbeugung von Schwangerschaftsstreifen und Hämorrhoiden
Rosmarin:
mildes Stimulans, hilft bei Verdauungsbeschwerden, gegen Candida-Pilzerkrankung
Lavendel:
beruhigend, bei Schlaflosigkeit, Krämpfen, Angstzuständen, Brustspannen

WICHTIG: Vermeiden Sie während der Schwangerschaft Kampfer, Salbei, Thuja.

Märchen

Diesen Monat lesen wir:

Das Glückskind

In einem kleinen Bergdorf gebar die Müllersfrau einen Sohn. Und weil er mit einer Glückshaut auf dem Kopf zur Welt kam, sprach es sich im ganzen Dorf wie ein Lauffeuer herum, daß ein Glückskind geboren ward. Alles, was dieses Kind unternehmen würde, würde ihm Glück einbringen.

Eines Tages, das Kind war noch kein Jahr alt, fiel eine räuberische Bande über das Dorf her. Damit dem Kind nichts geschehe, versteckte es die Müllersfrau in der Wäschetruhe. Die Räuber plünderten und ermordeten alle Bewohner und zündeten dann sämtliche Häuser an. Auch die Mühle brannte lichterloh.

Einer der Räuber hatte die Wäschetruhe, in der das Kind eingerollt schlief, mitgenommen, ohne hineinzusehen. Als die wilden Gesellen nun in ihrer Räuberhöhle ankamen, wurden sie bereits von ihren Frauen erwartet. Neugierig durchwühlten die Frauen die Beute, und da bemerkte die Tochter des Räuberhauptmanns das kleine Kind in der Wäsche. Sie wußte, daß es sofort getötet werden würde, sollte es von den Männern entdeckt werden. Da sie ein gutes Herz hatte, verschnürte sie das Kind in einem Tuch und schlich sich heimlich davon.

Nach einer Weile sah sie in der Ferne eine Reisegruppe

ihr Nachtlager aufschlagen. Vorsichtig schlich sie sich heran und legte das Bündel ans Lagerfeuer. Nun war dies der Troß eines reichen Kaufmanns, der gerade aus fernen Landen heimkehrte. Einer seiner Diener entdeckte das Kind und brachte es seinem Herrn. »Oh, wie kommt dieses allerliebste Kind in diesen düsteren Wald?« Und weil seine Frau keine Kinder bekommen konnte, sich aber sehnlichst eines wünschte, nahm der Kaufmann den kleinen Jungen mit nach Hause, wo er ihn mit seiner Frau wie seinen eigenen Sohn aufzog.

Sie nannten den Jungen Kaschim. Es fehlte ihm an nichts. Er hatte eine liebevolle, fürsorgliche Mutter und einen klugen Vater, der ihm alles beibrachte, was er selbst wußte. Der Junge sollte einmal sein Erbe und Nachfolger werden. Als Kaschim vierzehn Jahre alt wurde, nahm ihn der Kaufmann das erste Mal mit auf eine seiner Reisen. Sie durchquerten ferne Länder mit exotischen Blumen und Gewürzen, und der Junge staunte jeden Tag aufs neue.

Sie kamen auf einen Gewürzmarkt, wo der Kaufmann seine Ware einkaufen wollte. Es war ein buntes Treiben, die Händler priesen laut ihre Waren an und die Kunden feilschten mit ihnen um den Preis. Kaschim ging an einen Marktstand, an dem es besonders gut duftete. »Na, Jüngelchen«, sprach ihn eine kleine alte Frau mit einem Buckel und einer häßlichen dicken Nase an, »kann ich dir helfen?« Kaschim wollte nicht unhöflich sein und kam näher. »Schau, ich habe weit *und breit die beste Ware, und ich sehe, daß du ein Glückskind bist und ein gutes Herz hast. Deshalb mache ich dir ein Geschenk. Ich habe hier ein magisches Kräutlein. Es ist in der Lage, den Tod von einem Menschen abzuwenden. Allerdings hat es einen Nachteil. Derjenige, der das Kraut verabreicht, muß an Stelle des anderen sterben. Da du jedoch ein Glückskind bist, werde ich dir das Kräutlein dennoch anvertrauen. Überlege gut, ob du Gebrauch davon machst. Allah sei mit dir.« Die Alte überreichte dem verdutzten Jungen einen Beutel und verschwand in der Menge.*

Kaschim erzählte das, was sich zugetragen hatte, dem alten Kaufmann. Dieser lachte ihn aus und schimpfte ihn einen leichtgläubigen Dummkopf. Kaschim jedoch verwahrte den Beutel gut und sprach mit niemandem mehr darüber. Sie zogen weiter und kauften so manches kostbare Gewürz und edle Tuch. Nach einem Jahr erreichten sie das weit entfernte Königreich Mirrpschud. Es war totenstill auf den Straßen, und kaum jemand war zu sehen. Das war sehr ungewöhnlich, denn im Orient ging es stets lebhaft zu. Da befragten sie einen alten Mann, der auf einem Hocker vor seinem Haus saß und Wasserpfeife rauchte. »Ja wißt ihr denn nicht, daß die Tochter des Königs im Sterben liegt? Ganz Mirrpschud trauert, denn sie ist das einzige Kind des Königs. Ärzte, Heiler und Priester von überall sind gerufen worden, doch niemand konnte die tödliche Krankheit der Prinzessin aufhalten.«

Da rührte sich Kaschims gutes Herz, und er begab sich

an den Hof des Königs. Die Wachen wollten ihn jedoch nicht einlassen. »Ich möchte die Prinzessin heilen!« rief Kaschim, und so wurde er zum König gebracht. »Es ist zu spät«, weinte der König, »meine Tochter ist vor wenigen Augenblicken gestorben.« »Laßt es mich trotzdem versuchen«, bat Kaschim. Der König blickte erstaunt auf den jungen Mann. »Wie willst du meiner Tochter jetzt noch helfen? Begreifst du denn nicht, sie ist tot!« rief er verzweifelt. »So habt Ihr nichts zu verlieren. Bitte laßt mich zu Eurer Tochter, ehrenwerter König.«

Kaschims Worte waren so eindringlich, daß der König ihn in das Schlafgemach der Prinzessin führte. Dort knieten die Klageweiber auf dem Boden und jammerten, und inmitten eines Meeres aus duftenden Blumen lag die tote Prinzessin aufgebahrt. Ihr Antlitz war selbst im Tode noch lieblich anzuschauen. Lange ebenholzschwarze Haare umrahmten das schöne Gesicht der Königstochter. Ihre Haut war wie Milch, und ihre Lippen hatten die Farbe reifer Kirschen. Kaschim war wie verzaubert von diesem Anblick. Dann gab er sich einen Ruck und holte das magische Kräutlein aus seinem Beutel. Vorsichtig öffnete er die Lippen der Prinzessin und legte das Kräutlein auf ihre Zunge. Da schlug sie ihre bernsteinfarbenen Augen auf und schaute Kaschim bis in die Tiefen seiner Seele. Er war gefangen in diesem Augenblick tiefster Verbundenheit und wußte mit einemmal: Für diesen erhebenden Moment hatte es sich

gelohnt, zu leben, und es machte ihm nun auch nichts mehr aus, zu sterben.
Und mit diesem Gefühl in seinem Herzen hauchte er sein Leben aus und sank neben der Prinzessin tot zu Boden. Da erhob sich die Prinzessin von ihrem Totenbett, betrachtete den toten Jüngling zu ihren Füßen liebevoll und gab ihm einen zärtlichen Kuß. Sie hatte jedoch noch das magische Kräutlein auf ihrer Zunge, als sie die Lippen von Kaschim berührte. So regte sich erneut Leben in ihm, und er schlug die Augen auf. Die Liebe zwischen der Prinzessin und Kaschim war so überwältigend, daß sie noch am selben Tag eine große Hochzeit feierten, und sie lebten lange Zeit gesund und glücklich.

5. Monat

17. bis 20. Woche • 113. bis 140. Tag

Das Kind ist jetzt 20 Zentimeter lang. Die Finger haben bereits Fingernägel, und Ohr und Gehör sind ausgebildet. Die Bewegungen des Fötus sind jetzt so lebhaft, daß die Mutter sie spüren kann.

Geburah – Kraft, Stärke

✿ SPHÄRE: Die Kräfte, die Sephirah Geburah verkörpert, sind Mut, Wille und Durchsetzungskraft. Ohne dieses antreibende Feuer kann kein Vorsatz in die Tat umgewandelt werden. Der neue Erdenbürger braucht diese Kraft, um sich auf die Geburt und das Leben vorzubereiten. Geburah ist das Zentrum der Menschwerdung des Geist-Seelen-Ego. Nur ein kleiner Teil des Geist-Seelen-Ego inkarniert sich tatsächlich in die Existenz der dreidimensionalen Materie.

Der Logos, der Heilige Geist und ein Schutzengel begleiten den Bewußtseinsstrahl des menschlichen Wesens, das sich inkarnieren soll. Die Gesamtheit des Menschen ist immer in Gott, also im gesamten Universum, und Gott ist immer in uns. Somit gibt es in Wahrheit keine Trennung von Gott und Mensch.

- PLANET: In der Sephirah Geburah herrscht der Planet Mars. Seine Energie ist Kraft in Bewegung. Um diese Kraft gezielt einsetzen zu können, muß sie diszipliniert werden. Die Antriebskraft des Mars führt hin zur Aktivität. Negativ genutzt bewirkt die Marsenergie Kampf und Gewalt.
- METALL: Eisen
- ENGEL: Die Seraphim, die flammenden Schlangen, sind hier die herrschenden Engel.
- ERZENGEL: Der Erzengel von Geburah ist Kamael, das reinigende Feuer Gottes.

Praxis:

Erzengelmeditation für jeden Tag

Sie aktivieren den Kristall wie in den Monaten zuvor, jedoch jetzt mit dem Daumen der rechten Hand. Rufen Sie den Erzengel Kamael, und stellen Sie den Bergkristall im Lebensbaum auf Geburah.

Heilkräuter und Tips

DER UNSINN ÜBER DEN EISENMANGEL

Seit Jahrzehnten geht die Mär um, Eisenmangel entstehe leicht, weil unser Körper Eisen nur schlecht aus der Nahrung herausfiltere, die noch dazu insgesamt zu wenig davon enthalte. Weiter wird gesagt, Kleinkinder bräuchten Eisen zum Wachsen, Jugendliche während der Pubertät, Kranke erst recht, da bei Infektionen der Eisenspiegel sofort steil abfalle. Frauen seien durch ihre Monatsblutung besonders benachteiligt, und Schwangere müßten besonders viel Eisen für den in ihnen wachsenden Fötus aufnehmen. Schließlich beobachte man regelmäßig, daß der Eisenpegel der werdenden Mutter während der Schwangerschaft abnehme.

Ist das nicht eigenartig? Zu keiner früheren Zeit haben wir so viele eisenreiche Speisen gegessen wie heute: Selbst im Winter gibt es eine reiche Auswahl an frischem eisenhaltigem Salat und Gemüse, und die Mengen verzehrten Fleisches, der wichtigste Eisenlieferant überhaupt, sind so groß wie noch nie. Ärzte verschreiben Eisenpräparate, die oft außer Verstopfung keine Wirkung zeigen, denn unser Körper nimmt das Eisen nicht auf. Könnte es nicht sein, daß sich der Körper aus einem ganz bestimmten Grund gegen die Eisenaufnahme wehrt? Und tatsächlich finden wir Hinweise darauf:

Menschen mit erhöhtem Eisenspiegel erkranken eher an Infektionen. Die meisten Krankheitserreger benötigen nämlich Eisen für ihr Wachstum. Der Körper reguliert deshalb bei einer Infektion das verfügbare Eisen im Blut auf ein Minimum, um die Erreger auszuhungern. Das erklärt den »Eisenmangel« in der Schwangerschaft. Er ist eine uralte Versicherung gegen Infektionen während dieser Zeit und bei der Geburt. Mit speziellen Eisenfängern im Blut, wie dem Transferrin, versucht der Körper, jedes freie Eisen vor dem Zugriff der Mikroben zu schützen.

In Entwicklungsländern sichert der Eisenmangel der Bevölkerung möglicherweise deren Überleben. Einige afrikanische Nomadenvölker ernähren sich traditionell eisenarm. Daher leiden sie nach unseren Maßstäben an Eisenmangel, haben aber kaum Infektionen. Nach Eisengaben stieg die Infektionsrate bei ihnen sprunghaft an. Professor McFarlane berichtete aus Nigeria von Todesfällen bei Kindern, die an einer Krankheit namens Kwashiorkor litten und kurz nach Einnahme von Eisen und Vitamincocktails starben. »Jeder Anstieg des freien Serumeisens«, warnt McFarlane, »kann zu einer lebensbedrohlichen Infektion und zum Tode führen.«

Freies Eisen ist sehr aggressiv. Es oxidiert lebenswichtige Stoffe, die dann Blutgefäße oder den Herzmuskel schädigen können. So begünstigt ein Zuviel an freiem Eisen die Entstehung von Oxy-Cholesterin, einer wesentlichen Ursache des Herzinfarkts. Frauen haben durch ihre Menstruation ein gutes Ventil, ein Zuviel an Eisen loszuwerden. Man denke auch an den einst verbreiteten Aderlaß, der sicher in ähnlicher Weise wirkt.

(Quelle: Pollmer, Fock, Gonder, Haug: Prost Mahlzeit, Köln 1994)

Engelkerzen für Schwangerschaft und Geburt

Eine ganz besondere Begleitung während der Schwangerschaft und Geburt gewähren die Engel Emnymar und Harahel. Emnymar untersteht der Mondsphäre und somit der 9. Sephirah im Lebensbaum, Jesod. Harahel ist ein Merkurengel und in der 8. Sephirah, Hod, zu Hause. Diese beiden Engel haben mich und meine Kinder während meiner Schwangerschaften hilfreich begleitet und gut beschützt. Wenn Sie sich von diesen beiden begleiten lassen wollen, empfehle ich Ihnen, sie durch Weihen spezieller Kerzen anzurufen:

- Kaufen Sie sich zwei dicke, qualitativ gute weiße Kerzen.
- Schreiben Sie mit einem Goldstift oder mit einer goldenen Wachsschnur (Bastelbedarf) jeweils einen Engelnamen auf jede Kerze.
- Nehmen Sie nun die Kerze für Emnymar in die linke Hand, und halten Sie Ihre rechte über die Kerze.

- Rufen Sie dreimal den Namen des Engels Emnymar.
- Bitten Sie den Engel Emnymar um Begleitung.
- Jetzt zünden Sie die Kerze an und stellen sie auf den Altar.
- Das gleiche führen Sie nun für die Kerze des Engels Harahel durch.
- Entzünden Sie die beiden Kerzen immer, wenn Sie sich in dem Raum mit dem Altar aufhalten.
- Bei Geburtsbeginn stellen Sie Ihren ganzen Altar am besten in den Geburtsraum und entzünden die beiden Kerzen. Wenn das nicht möglich sein sollte, bitten Sie eine gute Freundin oder die zukünftigen Großeltern, die Kerzen anzuzünden und den Altar während der Geburt zu betreuen.

Dryade-Schutzengel-Amulett

Sie haben die Möglichkeit, von mir ein Dryade-Schutzengel-Amulett aus Holunderholz anfertigen und energetisieren zu lassen. In diesem besonderen Amulett befindet sich ein lebender Baumgeist, Dryade genannt, der sich freiwillig bereit erklärt hat, den Menschen zu helfen. Die Dryade ist sehr alt und in der Lage, dem Träger des Amuletts ihr Wissen zu übermitteln und seine energetischen Kanäle im feinstofflichen und physischen Körper zu öffnen. Diese hohe Intelligenz sollte mit viel Liebe und Respekt behandelt werden. Das Amulett ist zudem hoch aktiv und mit mehreren Engeln verbunden, die während Ihrer Schwangerschaft, der Geburt und darüber hinaus Ihre Begleiter sein können. Bei Interesse finden Sie meine Kontaktadresse am Ende des Buches.

Märchen

Diesen Monat lesen wir:

Der unheimliche Wald

Vor langer Zeit gab es ein Dorf, zu dem der Weg durch einen großen alten Wald führte. In dem Wald geschahen gar wunderliche Dinge, und immer wieder verschwanden Menschen auf Nimmerwiedersehen darin. Mit der Zeit getraute sich niemand mehr, durch den Wald zu gehen, und so war das Dorf ganz von der Außenwelt abgetrennt.

Am Rande des Dorfes lebte ein junger Bursche namens Knuth, der schon früh beide Eltern durch einen tragischen Unfall verloren hatte. Seit dem Tod seiner Eltern konnte er nicht mehr sprechen. Er wurde von den Bewohnern des Dorfes gehänselt und verspottet, denn sie dachten alle, er wäre dumm. So lebte er allein und zurückgezogen und versorgte seine Felder und seine Tiere. Sein einziger Freund war ein kleiner zotteliger Hund, der ihn auf Schritt und Tritt begleitete.

Eines Nachts tobte ein schreckliches Unwetter, und der kleine struppige Hund lief vor Panik davon in den Wald. Knuth konnte ihn in seiner Stummheit nicht zurückrufen, und so blieb ihm nichts anderes übrig, als dem kleinen Kerl hinterherzurennen. Der Wind peitschte Knuth die nassen Zweige ins Gesicht, und der aufgeweichte Boden des Waldes ließ seine nackten Füße bis zu den Knöcheln einsinken. Jetzt erst

wurde ihm bewußt, wo er sich befand, und ein Grauen durchfuhr ihn. Die Liebe zu seinem treuen Hund ließ ihn jedoch nicht kehrtmachen.
Knuth nahm all seinen Mut zusammen und arbeitete sich durch das Gewirr der Äste und dornigen Büsche hindurch immer tiefer in den unheimlichen Wald hinein. Lange schon hatte er seinen Hund aus den Augen verloren, und seine Suche wurde immer verzweifelter. Da tat sich vor ihm eine Höhle auf. Nur kurz wollte er hier verschnaufen und sich vor dem niederprasselnden Regen schützen. Das Wasser tropfte an ihm herab, und seine nassen Haarsträhnen klebten ihm am Kopf.
Im hinteren Teil der Höhle wähnte er ein schwaches Licht. Wer mochte hier hausen? Knuth nahm seinen ganzen Mut zusammen und ging auf das Leuchten zu. Da sah er es: Vor ihm erstrahlte ein prächtiges Festbankett. Die Tafel war gedeckt mit allerlei Gebratenem, mit Obst und Terrinen, gefüllt mit köstlich duftenden Pasteten. Dahinter befand sich ein Tanzboden, auf dem es lebhaft zuging. In wildem Reigen vergnügten sich mindestens hundert Männer mit wunderschönen Frauen.
Bei genauerem Hinsehen bemerkte Knuth, daß es gar keine Frauen waren, sondern Elfen mit spitzen Ohren und Blumen in den Haaren. Sie winkten Knuth herbei und boten ihm von dem köstlichen Essen an. Einen Moment lang vergaß Knuth, weshalb er hier war, und ließ sich von dem Zauber einfangen. Dann jedoch schüt-

telte er den Kopf. Er wollte nur seinen Hund finden und schnell wieder zurück in sein Dorf.

Da verschwand plötzlich das Bankett mitsamt der Musik und den vielen Tänzern. Vor ihm tat sich ein tiefer Abgrund auf, und ganz unten entdeckte er seinen Hund, eingeklemmt in einem Felsspalt. Geschwind begann er den Abstieg, wobei seine Hände und seine Füße immer wieder am glitschigen Stein abzurutschen drohten und dabei blutig geschürft wurden.

Unten angekommen, sah er, daß außer seinem kleinen Hund auch eine Elfe im Fels festsaß. Mit seiner ganzen Kraft räumte er die Steine beiseite und befreite die beiden aus dem Spalt. Augenblicklich befand er sich wieder in der Höhle am Festbankett, und die Elfen kamen dankbar auf ihn zu. Er hatte ihre Königin befreit, die schon dreihundert Jahre im Fels gefangen war. Immer wenn ein Mensch in den Wald kam, schöpften sie Hoffnung auf Hilfe. Alle Menschen hatten sich jedoch vom Festbankett verführen lassen und darüber alles andere vergessen.

Aus Dankbarkeit berührte die Elfenkönigin mit ihrem Kristallstab Knuths Zunge, und so konnte er wieder sprechen. Mit all den verschwundenen Dorfbewohnern kehrte er ins Dorf zurück und wurde von nun an nicht mehr gemieden. Er fand eine Frau, mit der er eine Familie gründete. Einmal im Jahr jedoch war er im Wald eingeladen, am Festbankett teilzunehmen.

6. Monat

21. bis 24. Woche • 141. bis 168. Tag

Der ganze Körper des Fötus ist nun mit Flaum bedeckt, der vor der Geburt wieder verschwindet. Über den Sinn dieser Behaarung ist noch wenig bekannt. Vielleicht ist es ein Überbleibsel aus prähistorischer Zeit, oder es hat den Zweck, die Käseschmiere, eine schützende Fettschicht, auf der Haut zu halten. Das Kind ist Ende der 24. Woche so weit entwickelt, daß es gute Chancen zum Überleben hätte, käme es in diesem Stadium zu einer Frühgeburt.

Tifereth – Schönheit, selbstlose Liebe

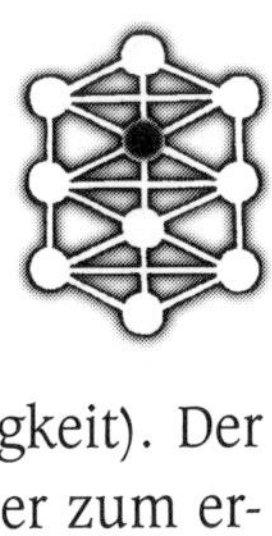

✿ SPHÄRE: Die Sephirah Tifereth verkörpert die selbstlose Liebe und das tätige Mitgefühl. Sie liegt auf der mittleren Säule des Lebensbaums und stellt den Ausgleich her zwischen Geburah (Kraft) und Chessed (Barmherzigkeit). Der feinstoffliche Mensch verbindet sich hier zum ersten Mal vollständig durchdringend mit dem heranwachsenden Körper. Zuvor war die Verbindung eher lose. Das geistige Wesen befand sich hauptsächlich außerhalb des Menschenkörpers und hatte noch direkten Kontakt zur göttlichen Quelle. In Tifereth »opfert Gott seinen Sohn«; das heißt, der Gottesfunken löst sich von der Einheit (Gott) und wird zum Menschen (Sohn) mit all den menschlichen Schwächen, welche die Trägheit der Materie mit sich bringt.

- Planet: In Tifereth wirkt die Sonne. Sie ist der zentrale Punkt unseres Seins, die Energiequelle allen Lebens. Sie ist die zentrale Schaltstelle, hier setzt der Geist über zur Welt. Und da sie nicht nur den Lebensspender darstellt (das Sonnenlicht spielt eine wichtige Rolle bei allen Lebensprozessen auf der Erde; Bildung von Vitaminen, Photosynthese bei Grünpflanzen etc.), sondern auch das geistige Zentrum (Gottvater könnte als Sonne hinter der Sonne symbolisiert werden), ist die Sonne die Brücke ins materielle Leben. Der Kreis, der die Sonne symbolisiert, bedeutet Ganzheit, Weg und Ziel – die Lebensaufgabe, die bewältigt werden muß, den Drang, sich selbst zu verwirklichen und das zu werden, was man seiner Anlage nach ist. Von der Sonne geht alles aus, und in die Sonne kehrt alles zurück.
- Metall: Gold
- Engel: Die regierenden Engel in Tifereth sind die Melachim, die Könige.
- Erzengel: Der Erzengel Michael verkörpert die Sonnenkraft, die sich durch ihn in Form des gött-

lichen Lichts in uns Menschen ergießt und uns zu einem sinnerfüllten Leben verhilft. Michael verbannt die dunklen Kräfte an den ihnen gebührenden Platz.

Praxis:

Erzengelmeditation für jeden Tag

Aktivieren Sie den Bergkristall diesen Monat mit dem Ringfinger der rechten Hand, und rufen Sie den Erzengel Michael. Der Kristall steht im Lebensbaum nun auf Tifereth.

Heilkräuter und Tips

Vorbereitung auf das Stillen

Ihre Brüste haben sich seit Beginn der Schwangerschaft enorm verändert. Die anfängliche stark gestiegene Empfindlichkeit der Brustwarzen hat sich mittlerweile vielleicht wieder etwas gelegt. Jetzt wird der Warzenvorhof stärker pigmentiert und dadurch dunkler, und die Brüste werden schwerer. Manchen Frauen tropft gelegentlich schon Vormilch aus der Brust; Stilleinlagen im BH fangen diese sicher auf. Besser als die

Wegwerfstilleinlagen aus der Drogerie finde ich Seideneinlagen, die im Naturkosthandel erhältlich sind. Sie kühlen die empfindliche Haut angenehm und sind sehr hautfreundlich. Sie können mit klarem Wasser und einem milden Shampoo ausgewaschen werden und auch später, während der Stillzeit, gute Dienste leisten. Um ihre Brustwarzen auf das Stillen vorzubereiten, emfpehle ich folgende Behandlung:

- Bürsten Sie in der Dusche oder Badewanne den ganzen Körper ab, die Brüste werden in Richtung Brustwarze gebürstet, die Brustwarzen selbst nur ganz zart.
- Trocknen Sie die Brüste bzw. den ganzen Körper mit einem rauhen Handtuch ab.
- Massieren Sie Ihre Brüste (bzw. den ganzen Körper) mit dem Körperöl gegen Schwangerschaftsstreifen (siehe 3. Monat). Sparen Sie jedoch die Brustwarzen aus, damit sie nicht zu weich werden.
- Legen Sie für ein paar Minuten je eine Zitronenscheibe auf die Warzen, um die Haut derb und widerstandsfähig zu machen.
- Drücken Sie mit leichten Strichbewegungen zur Brustwarze etwas Vormilch aus, und lassen Sie sie auf der Brustwarze trocknen. Dies ist sehr pflegend. Zudem werden die Milchgänge durch das Ausstreichen freigelegt und aktiviert.
- Nehmen Sie öfter ein Sonnenbad mit bloßer Brust – aber bitte nicht übertreiben und womöglich einen Sonnenbrand provozieren.

- Schneiden Sie in einen alten BH Löcher hinein, damit die Brustwarzen freiliegen und durch die Reibung an der Kleidung unempfindlicher werden.

Hohl- und Schlupfwarzen

Durch die vorangegangenen Vorbereitungen können sich Schlupfwarzen wieder aufrichten. Eine klassische homöopathische Behandlung kann, sofern sie frühzeitig begonnen wird, mitunter ebenfalls helfen. Einige Wochen vor der Entbindung können Brustschilde getragen werden. Sie sind in der Apotheke erhältlich.

Märchen

Diesen Monat lesen wir:

Die Prinzessin und die zwölf goldenen Vögel

In einem großen prunkvollen Schloß lebten einmal ein König und eine Königin. Sie hatten eine Tochter mit Namen Hodina. Eines Tages starb die Königin. Sie hinterließ ihrer Tochter zwölf goldene Vögel. Jeden Morgen saßen diese vor dem Fenster der Prinzessin und sangen ein wunderschönes Lied. So trösteten sie die Prinzessin, die weinend um ihre Mutter trauerte. Nach der Trauerzeit heiratete der König erneut. Die neue Königin war zwar schön anzuschauen, doch sie

war im Innern böse. Sie behandelte Hodina schlecht, so daß sich die Prinzessin immer mehr zurückzog und nur noch mit ihren zwölf goldenen Vögeln sang. Eines Morgens nun wachte Prinzessin Hodina auf, und es war totenstill. Ihre zwölf goldenen Vögel sangen nicht wie sonst vor dem Fenster ihr wunderschönes Lied. Die böse Königin hatte die Vögel verjagt. Da sprang Prinzessin Hodina aus dem Bett, kleidete sich an, schnürte sich ein Bündel mit Brot und Wasser und verließ das Schloß, um ihre Vögel wiederzufinden.
Nach einem beschwerlichen Fußmarsch gelangte Hodina in das Siebensteingebirge. Es wurde dunkel und kalt, und die Prinzessin legte sich müde und erschöpft unter einen Felsvorsprung, um zu schlafen. Da raschelte es plötzlich neben ihr, und sie sah einen riesigen braunen Bären.
»Was machst du hier in meiner Wohnung, du Eindringling?« brummte der Bär.
»Ich suche meine zwölf goldenen Vögel«, antwortete Prinzessin Hodina furchtlos.
»Ich kann dir sagen, wo deine goldenen Vögel sind. Dafür möchte ich aber von deinem Brot. Ich habe Hunger.«
Prinzessin Hodina brach das Brot und reichte es dem Bären. Daraufhin erzählte er ihr: »Lauf morgen früh beim ersten Sonnenstrahl los. Deine zwölf goldenen Vögel sitzen auf einer großen alten Eiche, einen Tagesmarsch von hier, und warten sehnsüchtig auf dich. Eine meiner Honigbienen wird vorausfliegen

und dir den Weg weisen. Achte jedoch darauf, daß die Biene auf keiner Blüte Rast macht, bevor ihr nicht am Ziel seid. Sonst ist dein Weg vergebens.«
Am nächsten Morgen bei Sonnenaufgang lief Prinzessin Hodina los, und mit ihr flog eine kleine Honigbiene, die fröhlich vor sich hin summte. Der Weg ging durch das hohe Siebensteingebirge und war sehr steil und beschwerlich. Gegen Mittag wurde es zudem unerträglich heiß. Prinzessin Hodina bekam wunde Füße, und auch die kleine Honigbiene summte nicht mehr so fröhlich. Sie konnte sich kaum noch auf den Flügeln halten.
Da tat sich vor ihnen eine bunte Sommerwiese auf, die zum Ausruhen einlud. Die kleine Honigbiene wollte sich auch sogleich auf eine große gelbe duftende Blüte setzen, um sich an deren Nektar zu laben.
»Halt«, rief Prinzessin Hodina, »du darfst dich nicht ausruhen, bevor wir nicht am Ziel angelangt sind.«
»Bitte, liebe Prinzessin, hab Erbarmen mit mir«, jammerte da die kleine Honigbiene erschöpft, »wenn ich mich nicht ausruhen kann und ein wenig Nektar schlürfe, so bin ich des Todes.«
Da dauerte die Prinzessin Hodina die kleine Honigbiene. »Ach, du armes Ding. Immer nur habe ich an mich gedacht und deine Qual nicht beachtet. Ruhe dich nur aus, und erquicke dich an diesem herrlichen Nektar.«
Mit letzter Kraft ließ sich die kleine Honigbiene auf die große gelbe duftende Blüte nieder. Als sie jedoch die Blüte berührte, verdunkelte sich der Himmel, und

zornige Blitze fuhren herab. Erschrocken kauerte sich Prinzessin Hodina auf den Boden. Mit einem Mal teilte sich der Himmel, und der große braune Bär stieg von Schmerz gepeinigt herab. Er legte sich sterbend darnieder und tat vor den entsetzten Augen der Prinzessin seinen letzten Atemzug. Da tat es einen Knall, und aus dem Pelz des Bären stieg ein schöner junger Prinz.

»Du hast meinen Rat nicht befolgt. Dein großes Herz jedoch hat mich erlöst. Seit dreihundert Jahren war ich nun verwunschen, und nur ein Mensch, der seine eigenen Ziele aufgibt, um einem anderen Wesen zu helfen, konnte mich erlösen.«

Er nahm sie in seine Arme, und eine warme zarte Liebe durchströmte beider Herz. In diesem Augenblick klarte der Himmel auf, die Sonne gewann ihre Strahlkraft zurück, und am Horizont erschien ein prächtiges Königreich. Vor dem Eingangsportal stand eine große alte Eiche, und darauf saßen die zwölf goldenen Vögel. Da traf auf jeden Vogel ein Sonnenstrahl und löste den Zauber: Aus den goldenen Vögeln wurden wieder die zwölf Schwestern des Prinzen. Das Schloß wurde geschmückt und eine große Hochzeit gefeiert. Die zwölf Prinzessinnen waren die Brautjungfern von Prinzessin Hodina. Fortan lebten alle glücklich bis ans Ende ihrer Tage.

7. Monat

25. bis 28. Woche • 169. bis 196. Tag

Der Fötus baut nun eine schützende Fettschicht in der Unterhaut auf und nimmt ca. 200 Gramm pro Woche an Gewicht zu. Dies ist die Zeit, in der die schwangere Frau in Schönheit aufblüht. Durch die veränderten Hormone ist die Haut besonders samtig und rosig. Eine ganz besondere Ausstrahlung ist in dieser Phase auch für Außenstehende wahrzunehmen.

Netzach – Siegreiche Schönheit

(Entschlossenheit)

- SPHÄRE: Die Netzach-Energie bildet die Grundlage für unsere Instinkte und die aus ihnen entstehenden Gefühle. Jeder Instinkt löst in uns Reflexe aus, sofern er nicht vom Intellekt beeinflußt wird. Beim Baby ist das zum Beispiel der Saugreflex. In Netzach ist aller Geist kollektiver Natur, die Kraft ist noch relativ frei beweglich, wird nur in fließende, sich ständig wandelnde Formen gebunden.
- PLANET: Hier herrscht der Planet Venus, das nach Ausgleich und Harmonie strebende Prinzip. Schön-

heit, Kunst, Sinnlichkeit; das ästhetische Empfinden, Empfindungen schlechthin sind hier beheimatet. Die Venus formt je nach Stärke ihres astrologischen Einflusses sowohl die körperliche Schönheit des heranwachsenden Babys als auch die Harmonie seiner Gefühle.

- METALL: Kupfer
- ENGEL: Die Elohim (Herrscher über die Natur) haben hier ihren Sitz. Sie wirken als gestaltende Kräfte, durch die sich die formbildende Kraft in der Natur (wie auch im Menschen, der ja Teil der Natur ist) offenbart.
- ERZENGEL: Hier ist der Einflußbereich des Erzengels Haniel (der Ruhm und die Güte Gottes).

Praxis:

Erzengelmeditation für jeden Tag

Mittlerweile haben Sie ja schon Routine beim Aktivieren Ihres Kristalls. Vielleicht spüren Sie die feinstofflichen Energien der Erzengel inzwischen auch intensiver als am Anfang. Je mehr Sie sich mit den Engeln beschäftigen, um so deutlicher wird deren Präsenz. In diesem Monat wird der Kristall mit dem Daumen der linken Hand aktiviert und dabei Erzengel Haniel angerufen. Der Bergkristall steht im Lebensbaum auf Netzach.

Heilkräuter und Tips

Kreuzbeinschmerzen

Einige Frauen klagen im Laufe der Schwangerschaft über Kreuzbeinschmerzen durch die hormonell bedingte Auflockerung des Ilio-Sakral-Gelenks (Darmbein-Kreuzbein-Gelenk). Am besten hilft da eine Massage des schmerzenden Bereichs mit folgendem Öl:

- 50 ml Jojobaöl – flüssiges Wachs aus der Nuß des Jojobabaums (wird niemals ranzig)
- 3 Tropfen ätherisches Mandarinenöl – krampflösend, schmerzstillend
- 1 Tropfen ätherisches Jasminöl – stärkt die weibliche Psyche
- 3 Tropfen ätherisches Muskatellersalbeiöl – wirkt auf das Hormonal-Genital-System
- 3 Tropfen ätherisches Sandelholzöl – stärkend, hilft bei Ischiasbeschwerden und Hexenschuß

Märchen

Diesen Monat lesen wir:

Der Bauer und seine Kuh

Dem Bauern Martin war die einzige Milchkuh gestorben, die er besessen hatte. So machte er sich auf den Weg zum Viehmarkt. Eine große Auswahl an prächtigen Tieren wurde feilgeboten. Martin brauchte nicht lange, und er hatte eine schöne Milchkuh mit klaren braunen Augen, einem großen prall mit Milch gefüllten Euter und einem glänzenden Fell ausgesucht. Als er jedoch bezahlen wollte, mußte er feststellen, daß er nicht genügend Geld besaß.

Der Viehhändler lachte: »Für die paar Kröten bekommst du nirgendwo eine Kuh.« Er kratzte sich sein stoppeliges Kinn. »Aber warte, vielleicht habe ich doch etwas für dich!«

Er ging mit Bauer Martin in den hintersten Winkel des Geheges und zeigte auf ein struppiges dürres Etwas, das nur mit Mühe als Kuh zu erkennen war. Der Viehhändler lachte spöttisch. Da Martin jedoch mit seinen wenigen Talern, die er besaß, kein besseres Vieh bekommen würde, ließ er sich auf den Handel ein und kaufte die magere Kuh. Sie konnte sich kaum auf ihren wackeligen Beinen halten, als er sie an einem Strick hinter sich herzog, und überall, wo er vorbeikam, wurde er das Gespött der Leute.

»Schaut euch den an. Was zieht denn der hinter sich

her!« Und: »Na, Martin, da hast du ja einen guten Kauf gemacht!« Schallendes Gelächter folgte ihm auf seinem Weg. Es wurde ein richtiges Spießrutenlaufen, bis Martin endlich zu Hause ankam. Dort führte er die Kuh in den Stall und striegelte sie.

Da begann die Kuh plötzlich zu sprechen: »Lieber Martin, mir ist der Stall hier zu zugig. Bitte nimm mich mit in dein Haus.«

Da führte Bauer Martin seine Kuh in die gute Stube, wo sie es sich gemütlich machte. Er richtete sich das Abendbrot und setzte sich an den Tisch.

»Lieber Martin, bitte gib mir etwas von deinem Abendbrot ab, das Heu ist mir zu fad.« Da teilte der Bauer sein Abendbrot mit der Kuh.

Später dann löschte Martin das Licht und begab sich in die Schlafkammer. »Bitte, lieber Martin, nimm mich mit in deine Kammer, ich habe Angst, so allein.« Auch dieses Mal erfüllte Bauer Martin ihren Wunsch.

Als er sich auf sein Schlaflager legen wollte, sprach die Kuh erneut: »Lieber Martin, der Boden ist mir zu hart, bitte laß mich an deiner Seite schlafen.«

Da wurde es selbst Martin zuviel. »Was fällt dir ein!« rief er wütend. »Habe ich dir nicht jeden Wunsch erfüllt? Es geziemt sich nicht für eine Kuh, in einem Bette zu schlafen!«

Da begann die Kuh bitterlich zu weinen. Dicke Tränen kullerten aus ihren großen Augen und fielen auf den Dielenboden. Martin bekam Mitleid mit seiner Kuh und bereitete ihr ein Plätzchen neben sich. Als er am nächsten Morgen von den ersten Sonnenstrahlen und dem Gezwitscher der Vögel erwachte, lag jedoch nicht mehr die struppige dürre Kuh an seiner Seite, sondern eine wunderschöne Maid mit langem goldenem Haar. Sie schlug die Augen auf und lächelte ihn glücklich an.

»Lieber Martin, mit deinem guten Herzen hast du mich befreit. Nicht auf die äußere Schönheit hast du geachtet, das Gespött der Leute hast du gleichmütig ertragen und meine Bedürfnisse ernst genommen. Damit hast du einen uralten Zauber von mir genommen.«

Sie legte sich in seine Arme, und sie küßten sich zärtlich. Die Tränen vom Vorabend aber, die den Boden genäßt hatten, verwandelten sich bei diesem Kuß in pures Gold, und so konnte das verliebte Paar viele Jahre glücklich und ohne Not verbringen.

8. Monat

29. bis 32. Woche • 197. bis 224. Tag

In dieser Zeit nimmt die Fruchtwassermenge zu. Noch kann das Kind einen Salto schlagen, aber es wird immer enger. Der Fötus wächst und wächst.

Hod – Herrlichkeit

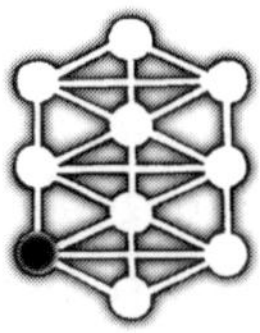

- ✿ SPHÄRE: In Hod zeigt sich zum ersten Mal eine klare, beständige zarte Energieform. Diese Sephirah verkörpert den konkreten Geist, den Ursprung des menschlichen Geistes. Die Seelenpersönlichkeit des sich inkarnierenden Menschen wird geformt, das heißt, die Gefühle, die sich in Netzach bildeten, werden hier mit den Gedanken verbunden und bekommen so eine klare Definition. Diese Ebene entspricht der Mentalsphäre (Gedankenebene), der Region des Intellekts, der Logik und der Gedanken. Nun nähert sich der Mensch der Materie, seinem zukünftigen materiellen Leben.
- ✿ PLANET: Merkur, der kleinste der Planeten, steht für den Götterboten, der die Verbindung zwischen

Mensch und Gott darstellt. Er symbolisiert die Verstandestätigkeit, den menschlichen Verstand, der ordnet und Unbewußtes bewußt werden läßt.

- METALL: Quecksilber
- ENGEL: Die Bene Elohim sind die Söhne der Götter.
- ERZENGEL: Der Erzengel von Hod ist Raphael – der Arzt Gottes.

➡ *Praxis:*

Erzengelmeditation für jeden Tag

In diesem Monat wird Sie Erzengel Raphael begleiten. Der Bergkristall wird mit dem kleinen Finger der rechten Hand aktiviert und im Lebensbaum auf Hod plaziert.

Heilkräuter und Tips

Ängste bewältigen und auflösen

Je näher der Geburtstermin rückt, desto intensiver beschäftigen Sie sich wahrscheinlich mit der bevorstehenden Geburt. Wie wird sie verlaufen? Geht alles gut? Bin ich dieser Situation überhaupt gewachsen? Ängste können aufkommen, mitunter auch in Traumszenarien. Das ist völlig normal. Die Erfahrung zeigt, daß diese Ängste verschwinden, sobald die Geburt beginnt. Das ganze Bewußtsein der Frau verändert sich mit den ersten Kontraktionen. Vertrauen Sie Ihrem Körperwissen. Ihr Körper macht automatisch das Richtige im richtigen Moment.

Verwandeln Sie Ihre Angst in respektvolle Erwartung des Unbekannten. Und dann verwandeln Sie diese Erwartung in Neugier auf das Anstehende. Dadurch öffnen Sie sich mit allen Sinnen dem kommenden Erleben, öffnen sich für die Ankunft Ihres Kindes.

Mit dem Engel Ivar können Sie ganz gezielt Ängste auflösen:

- Schreiben oder malen Sie Ihre Ängste auf ein Blatt Papier.
- Malen Sie auf ein anderes Blatt in schönen Farben ein positives Geburtserlebnis. Sie können dies auch in Symbolen darstellen, zum Beispiel

durch eine sich öffnende Blüte mit einem Baby darin. Lassen Sie Ihrer Inspiration freien Lauf.

- Schreiben Sie auf das Papier mit den Ängsten: »Engel Ivar, bitte löse meine Ängste auf, und erfülle mich mit Kraft, Mut und weiblicher Stärke.«
- Falten Sie nun das Papier zusammen, und vergraben Sie es im Wald in der Erde.
- So wie sich nun das Papier auflöst und zerfällt, so lösen sich Ihre Ängste auf.
- Das positive Bild hängen Sie beim Altar oder an einem anderen für Sie sichtbaren Platz auf.

Märchen

Diesen Monat lesen wir:

Lakshmi und die Karaffe

In einem kleinen Dorf lebte der Fischer Sarath mit seiner Frau Lakshmi. Acht Kinder hatten sie zu ernähren, was nicht leicht war, denn oft war das Meer von Stürmen gepeitscht und zerriß die Netze. Besonders jetzt, in der Zeit des Monsuns, kehrte Sarath jeden Morgen mit leerem Netz zurück. Schon sechs Tage ging das so, und der Fischer und seine Frau Lakshmi wurden immer verzweifelter, sie wußten nicht, wie sie ihre Kinder satt bekommen sollten.

Da ging Lakshmi in den Tempel, entzündete Räucherstäbchen, opferte Blumen und frisches Ghee [Butterfett] und bat inständig um Hilfe. Am siebten Tag in den frühen Morgenstunden, als das Meer besonders rauh war und das kleine Fischerboot in den Wellen hin und her riß, hatte Sarath die Hoffnung auf einen Fang bereits aufgegeben. Er holte die Netze ein, damit sie nicht völlig zerfetzt wurden, und entdeckte dabei eine Karaffe, die sich im Gewirr der Maschen verfangen hatte. Er wollte sie schon wieder ins Meer werfen, überlegte es sich jedoch anders und brachte sie seiner Frau mit nach Hause.

Während sich Sarath in die Kühle der Hütte zurückzog, um sich auszuruhen, entfernte Lakshmi mit einer Kokosfaserbürste die Algen von der Karaffe und stellte überrascht fest, daß es sich um ein sehr schön gearbeitetes Stück aus ziseliertem Messing handelte. Vorsichtig öffnete sie den Verschluß. Da ertönte ein unheimliches, zischendes Geräusch, das lauter und lauter wurde, und dichter grauer Nebel, der sich immer weiter ausbreitete, entwich der Karaffe. Lakshmi sah voll Entsetzen, daß sich ein riesiger grimmig dreinblickender Geist vor ihr aufbaute.

»Ha, endlich bin ich frei! Dreihundert Jahre war ich nun in diese elende kleine Karaffe eingesperrt, ein Zauberer hielt mich darin gefangen. Jetzt werde ich dich töten.«

Lakshmi zitterte voller Angst: »Warum willst du mich töten? Ich habe dich doch befreit!«

»Diese elenden Menschen werden keine Gelegenheit mehr haben, mich einzusperren! Ich habe mir geschworen, dem ersten Menschen, den ich sehe, den Garaus zu machen!« zischte der Geist wütend.

»Aber lieber Geist«, sprach Lakshmi listig, »wie könnte dich denn jemand in eine so kleine Karaffe sperren, wo du doch so groß bist? Du hast ja gar keinen Platz darinnen.«

»Dummes Weib«, entgegnete der Geist überheblich, »hast du noch nie etwas von der Fähigkeit der Geister gehört, ihre Größe zu verändern? Und ich bin einer der mächtigsten Geister überhaupt.«

»Das glaube ich nicht«, entgegnete Lakshmi mit unschuldigem Blick. »Niemals kannst du in dieser kleinen Karaffe gewesen sein. Du willst nur vor mir prahlen!«

»Du dämliches Weib, ich werde dir zeigen, wessen ich mächtig bin.«

Der Geist brauste laut auf, dann zog er sich in einem grauen Nebel zurück, der sich immer mehr verdichtete und immer kleiner wurde und schließlich vollständig in der Karaffe verschwand. Schnell verschloß Lakshmi die Karaffe und atmete erleichtert auf.

»Bitte, bitte Weib, laß mich wieder hinaus«, jammerte eine dünne Stimme im Inneren der Karaffe.

»Warum sollte ich so etwas Törichtes tun?« sprach Lakshmi und schüttelte die Karaffe hin und her.

»Nicht doch, Weib, du schüttelst mich ja völlig durcheinander! Wenn du mich herausläßt, so verspreche ich dir, werde ich dein gehorsamer Diener sein und dir alle deine Wünsche erfüllen.«

»Das soll ich dir glauben?« Lakshmi schüttelte energisch den Kopf.

»Ich schwöre es dir, Weib. Ein Geist muß sich an seinen Schwur halten, sonst ist er für immer verloren.«

Lakshmi dachte einen Augenblick nach, dann nahm sie all ihren Mut zusammen und öffnete erneut den Verschluß der Karaffe. Da brauste und zischte es, und der graue Nebel entwich erneut der Karaffe. Der riesige Geist baute sich bedrohlich vor Lakshmi auf, verbeugte sich dann jedoch und sprach: »Du hast mich erneut befreit, und so werde ich mein Versprechen halten. Ich werde auf Lebzeiten zu deinen Diensten sein. Du und deine Familie, ihr werdet kein Elend mehr leiden müssen.«

Und so war es dann auch. Sarath und Lakshmi lebten ein glückliches zufriedenes Leben mit ihren Kindern.

9. Monat

33. bis 36. Woche • 225. bis 252. Tag

Fast jeder Winkel der Gebärmutter ist nun ausgefüllt. Für Bewegungen bleibt kaum Platz. Die meisten Babys haben jetzt schon die Geburtsstellung mit dem Kopf nach unten eingenommen. Der Fötus schluckt Fruchtwasser, um die Funktionen des Verdauungsapparats einzuüben. Am Ende der 36. Woche ist das Kind ca. 45 Zentimeter lang. Das Gewicht des Bauches wird nun für die Mutter beschwerlich. Rückenschmerzen können sich einstellen. Das Kind drückt auf Magen und Lunge und macht kurzatmig. Außerdem entsteht Druck auf die Blase, was ein mehrmaliges nächtliches Aufstehen zum Wasserlassen bedeutet.

Jesod – Das Fundament

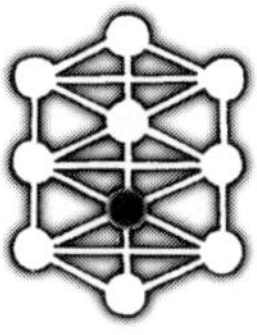

✿ Sphäre: Jesod wird als die Maschinerie des Universums bezeichnet. Hier wird die menschliche Vitalität geregelt. Es ist das Zentrum der Lebenskraft, der Träger des Lebens. Im Sanskrit wird dieses Zentrum, das sich auf den

Körper übertragen vier Finger breit unter dem Bauchnabel befindet, Hara genannt. Hier werden nun alle Kräfte mobilisiert, die für die bevorstehende Geburt und das neue Leben gebraucht werden.

- PLANET: Der Mond symbolisiert das Unbewußte, die Gemütsverfassung. Wechsel und Wandel hängen mit den Mondphasen zusammen. Der Mond ist ein passives, weibliches Prinzip, seine Antriebe sind unbewußter Natur.
- METALL: Silber
- ENGEL: In Jesod regieren die Cherubim – die Starken.
- ERZENGEL: Der Erzengel Gabriel wird auch als starker Held Gottes bezeichnet. Er regiert alles, was mit Geburt, Tod und Auferstehung zu tun hat. Im Islam gilt er als der höchste Engel, da Mohammed von ihm seine Offenbarung erhielt. Im neuen Testament verkündete er Elisabeth und Maria ihre Schwangerschaft und erschien den Hirten in Nazareth bei der Geburt Jesu.

➡ Praxis:

Erzengelmeditation für jeden Tag

Auch wenn jeden Monat ein neuer Erzengel hinzukommt, werden Sie von den bisher gerufenen weiterhin begleitet werden, so daß Sie am Ende Ihrer Schwangerschaft zehn Erzengel an Ihrer Seite haben. Ist das nicht ein schönes Gefühl?
Diesen Monat aktivieren Sie Ihren Bergkristall mit dem Ringfinger der linken Hand und rufen den Erzengel Gabriel. Der Kristall steht im Lebensbaum auf Jesod.

Heilkräuter und Tips

HEILERDE GEGEN SODBRENNEN

Mit dem Wachsen des Babys wird der Magen nach oben geschoben. Magensäfte können nach oben in die Speiseröhre dringen und ein unangenehmes Brennen verursachen. Ein paar gut gekaute, eingespeichelte Haselnüsse schaffen Abhilfe. Auch innerlich eingenommene ultrafein vermahlene Heilerde bindet sehr wirkungsvoll die Magensäure (ich empfehle die grüne Heilerde aus Frankreich, da sie energetisch wertvoller ist als die braune).

Was tun bei Beckenendlage bzw. Steißlage?

Wird bei Ihnen festgestellt, daß sich Ihr Kind nicht mit dem Kopf nach unten in Geburtsposition begeben hat – sich eben in Beckenendlage bzw. Steißlage befindet –, so kann es sich, solange es seinen Po noch nicht ins Becken gedreht hat, noch selbst in die richtige Lage bringen. Gelingt dies mit den nachfolgend angegebenen Methoden nicht bis zum Beginn der 38. Schwangerschaftswoche, kann eine geschickte Hebamme oder ein Arzt dies mit einer äußeren Wendung erreichen.

Eine Ultraschalluntersuchung zeigt, ob ein Wendeversuch sinnvoll ist. Wichtigstes Entscheidungskriterium ist das Verhältnis des geschätzten Gewichtes des Kindes zur Fruchtwassermenge. Das Kind sollte selbstverständlich normal entwickelt sein, und es sollten keine weiteren Risikofaktoren vorliegen. Die Wendung kann dann unter wehenhemmender Medikation ab der 38. Schwangerschaftswoche durchgeführt werden. Dabei wird versucht, durch den Druck der Hände auf die Bauchdecke das Kind zur Rolle vorwärts oder rückwärts zu bewegen.

Ab der 32. oder 33. Woche können Sie schon selbst aktiv werden, um Ihr Kind in die richtige Lage zu bewegen. Nachfolgend einige Übungen dazu:

Die indische Brücke

Versuchen Sie es mit der indischen Brücke, die sehr wirkungsvoll ist, wenn Sie sie täglich ca. 10 Minuten durchführen. Falls Sie diese vergleichsweise unangenehme Haltung nicht lange aushalten, wiederholen Sie sie mehrmals in kleineren Zeiteinheiten. Es handelt sich hierbei um eine Lagerungsübung. Sie legen sich dabei auf den Rücken, die Beine werden angewinkelt und, mit einem Kissen unter den Waden, entspannt auf eine ca. 40 Zentimeter hohe Ablage (Hocker, niedriger Wohnzimmertisch) gelegt, so daß die Unterschenkel waagrecht zu liegen kommen. Das Becken wird mit einem Keilkissen oder einem ähnlichen Gegenstand hochgelagert, damit das Baby vom Beckeneingang wegrutschen kann und die Möglichkeit erhält, sich zu drehen. Sie können diese Übung auch mit Ihrem Gefährten durchführen: Sie legen sich auch hierbei auf den Rücken. Er kniet sich so vor Sie, daß Sie Ihr Becken auf seinem Bauch hochlagern können. Die Beine legen Sie ihm über die Schultern, Ihre Arme liegen flach am Boden.

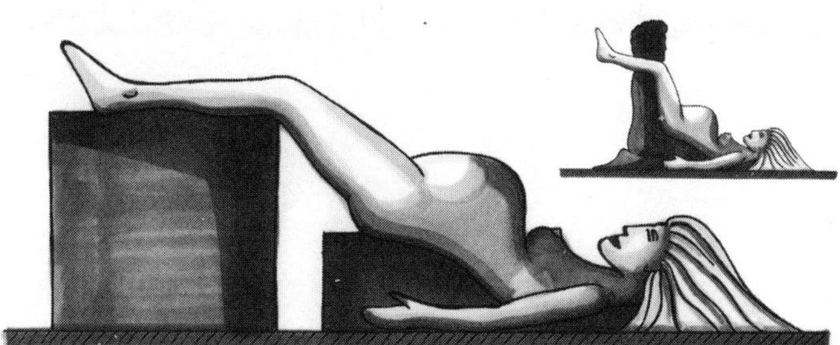

Die zweite Variation ist die Knie-Ellbogen-Lage. Unterlagern Sie dabei Ihre Knie mit einem ca. 20 Zentimeter hohen Bücherstapel und stützen Sie die Ellbogen auf dem Boden ab. Schließen Sie die Augen, und verbinden Sie sich in Ihrer Vorstellung mit Ihrem Kind. Atmen Sie tief und entspannt in den Bauchraum, und sprechen Sie mit Ihrem Kind. Erzählen Sie, daß es keine Befürchtungen zu haben braucht, daß es willkommen ist und mit Freuden erwartet wird.

Nach der indischen Brücke dürfen Sie sich nicht hinlegen, sondern sollten eine halbe Stunde spazierengehen, damit das Becken in Bewegung bleibt!

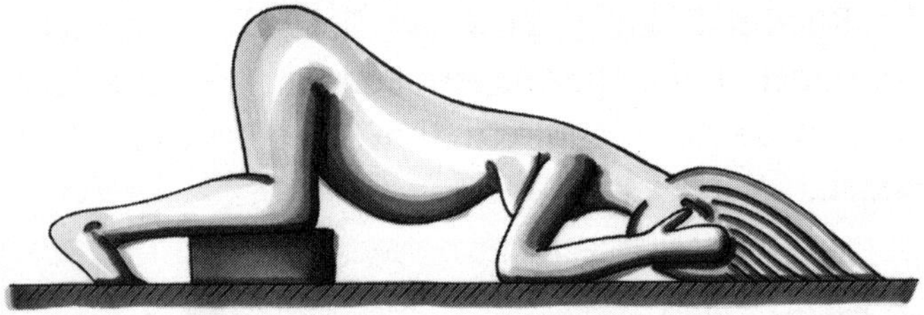

Moxibustion

Zusätzlich unterstützen Sie die Drehung des Kindes durch Moxibustion, die Wärmebehandlung eines Akupunkturpunktes am kleinen Zeh. Diese Methode stammt aus der traditionellen chinesischen Medizin und hat eine Erfolgsquote von bis zu 70%. Sie benötigen dazu Moxa-Zigarren (Beifußkraut), die in chinesischen Läden erhältlich sind. Sicherlich können sie auch von Ihrem Apotheker besorgt werden. Die Kräuterzigarre wird angezündet und dem Punkt Zhiyin, der 2–3 mm vom äußeren Nagelfalzwinkel des kleinen Zehs entfernt ist, angenähert (siehe Abbildung). Der Punkt sollte bis zur Rötung stimuliert werden. Wird die Wärme zu groß, kann die Zigarre etwas weiter entfernt gehalten werden. Es werden täglich beide kleinen Zehen für ca. 10 bis 20 Minuten behandelt. Die starke Geruchsentwicklung der Zigarre ist mitunter unangenehm, jedoch nicht gefährlich.

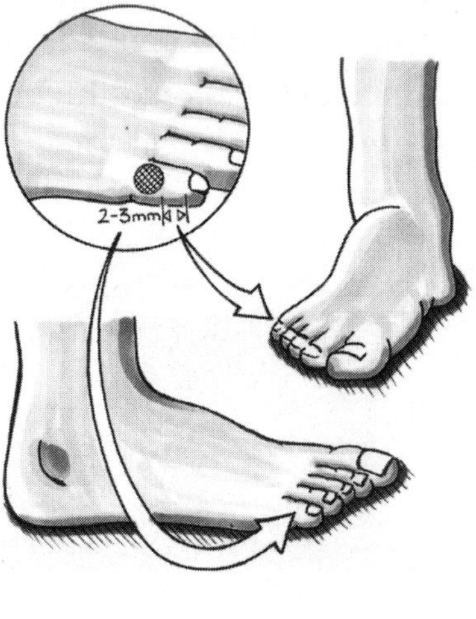

Die Lichtwende

Setzen Sie eine hell leuchtende Taschenlampe auf den oberen Bereich Ihres Bauches auf. Stellen Sie zuvor fest (durch Abasten oder Ultraschall), in welche Richtung das Baby blickt. Lassen Sie den Lichtkegel der Taschenlampe langsam vom Gesicht des Babys aus nach unten wandern. Ihr Kind nimmt das Licht als blassen Schimmer durch die Bauchdecke wahr. Manche Babys folgen diesem Schimmer nach unten. Führen Sie dieses Anlokken mehrmals hintereinander aus, am besten in Verbindung mit der indischen Brücke, und wiederholen Sie es täglich.

Wenn Sie merken, daß sich Ihr Kind gedreht hat, sollten Sie einen langen Spaziergang unternehmen, damit sich sein Kopf ins Becken senkt und es sich nicht mehr zurückdreht.

Falls dies alles nichts nützt, ist eine Steißlage noch lange kein Grund für einen Kaiserschnitt. Die Geburt braucht nicht komplizierter zu sein als bei normaler Kindslage. Eine erfahrene Hebamme sowie eine zu-

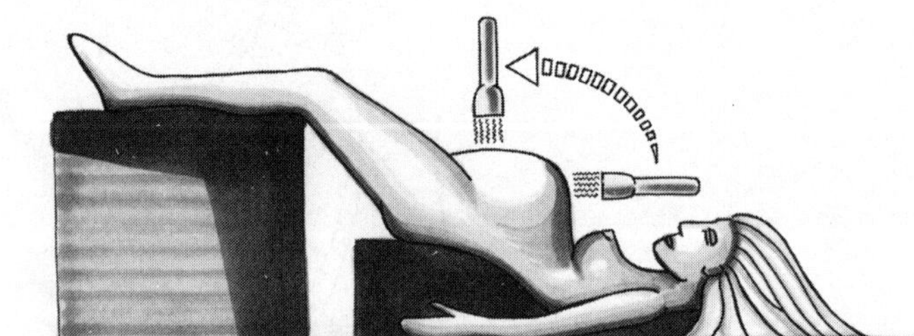

versichtliche und angstfreie Frau lassen auch eine Steißgeburt zu einer normalen Geburt werden. Eine Freundin von mir ging erst »auf den letzten Drücker«, also als die Preßwehen schon bevorstanden, ins Krankenhaus, um so einen unnötigen Kaiserschnitt zu vermeiden. Das Steißlagenkind war dann auch eine Stunde später ohne Schwierigkeiten auf die Welt gekommen.

Märchen

Diesen Monat lesen wir:

Der Mond

Es war wieder soweit. Die Sonne verglühte heiß und rot am Horizont und verzehrte das Licht des Tages. Doch die Dunkelheit der Nacht, die sich gemächlich auszudehnen begann, wurde von der großen Mondscheibe, die jetzt den Himmel erklomm, in die Ecken verbannt. Ein geheimnisvolles Licht hüllte den ganzen Wald in ein silbernes Kleid.

Auf der großen Waldlichtung, die ganz in dieses betörende Silber eingetaucht schien, wurde es auf einmal lebendig. Es wisperte und flüsterte, kicherte und gluckste. Und schon ertönten die ersten Flötentöne, die sich beschwörend in den Baumwipfeln verfingen. Kleine zierliche Gestalten mit spitzen Oh-

ren und schmetterlingszarten Flügeln begannen ihren Reigen. Sie hatten Blumenkränze in ihre langen Haare geflochten, die wild im Wind flogen. Glöckchen und Trommeln stimmten in die Flötenmelodie mit ein, und das Treiben wurde immer wilder und ausgelassener, bis sie sich endlich in den frühen Morgenstunden, als die ersten Sonnenstrahlen das Gras kitzelten, lärmend und lachend zurückzogen, nur um sich am Abend erneut im ausgelassenen Tanz zu vergnügen.
Im nahen Dorf jedoch lagen die von der Arbeit erschöpften Menschen in ihren Betten und hielten sich die Ohren zu. Keiner konnte ein Auge zutun, keiner seinen wohlverdienten Schlaf finden. Nacht für Nacht lärmte es im Wald, und das trieb die armen Dorfbewohner allmählich in den Wahnsinn. Es kam bisweilen vor, daß einer den Verstand ganz verlor und ihn nicht mehr wiederfand. Die Handwerker fertigten fehlerhafte Ware, und die Felder und Gärten wurden vernachlässigt.
Da beschloß der Große Rat, der diesen Mißstand seit geraumer Zeit beobachtet hatte, daß nur noch einmal im Monat im Wald getanzt werden dürfe. Die Elfen jedoch konnten sich nicht beherrschen, und sobald der erste silberne Mondstrahl die Lichtung berührte, wurden sie magisch angezogen und tanzten erneut ihren wilden Reigen bis in die frühen Morgenstunden.
Da befahl der Rat dem Mond, nicht mehr jede Nacht zu leuchten. Nur noch alle achtundzwanzig Tage durfte er fortan als runde Scheibe sein Licht verbreiten.

Danach mußte er hungern, so daß er jeden Tag dünner wurde, bis er gar nicht mehr zu sehen war. Erst dann durfte er wieder zunehmen, um dann wieder in seiner ganzen runden silbernen Pracht zu erstrahlen.
So fanden die Menschen wieder ihren Schlaf, und die Arbeit im Dorf konnte wieder ordentlich gemacht werden. Die Elfen tanzten nur noch an Vollmond, dann jedoch konnte es hin und wieder vorkommen, daß ein Dorfbewohner seinen Verstand verlor – er fand ihn dann aber am nächsten Tag wieder.

10. Monat

37. bis 40. Woche • 253. bis 280. Tag

Der Fötus ist jetzt voll entwickelt und hat seine Geburtsgröße erreicht. Das Fruchtwasser, eine klare, alkalische und sterile Flüssigkeit, die das Kind während der gesamten Schwangerschaft schützend umgibt, wird zum Teil resorbiert und vom Kind getrunken. Jetzt werden täglich vier Liter davon nachgebildet. Durch Vorwehen, die sich durch Hartwerden des Bauches bemerkbar machen, senkt sich der Kopf des Kindes ins Becken. Das Atmen geht nun wieder leichter, und das Sodbrennen nimmt ab, denn Magen und Lunge haben wieder mehr Platz. Dafür drückt der kindliche Kopf jetzt stärker auf die Blase, ein häufigerer Harndrang ist die Folge. Auch drückt der Kopf jetzt auf das empfindliche Steißbein, was Rückenschmerzen verursachen kann. Jetzt heißt es nur noch: warten.

Malkuth – das Reich (das Tor)

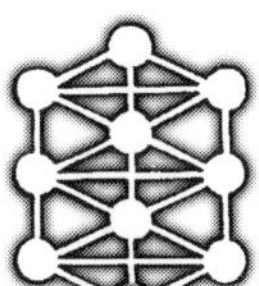

✿ SPHÄRE: Malkuth ist die Sphäre der Erde, die durch die vier Elemente Feuer, Wasser, Luft und Erde geformt wird. Alle atomaren Verbindungen werden in Malkuth aufgebaut. Der Zyklus der Entwicklung zum Menschen ist nun abgeschlossen.

- PLANET: Die Erde verkörpert dichte Materie. Geistiges kommt hier zur Umsetzung, indem es eine feste Form erhält. Hier ist die Ebene der Realisation und Karmaaufarbeitung.
- METALL: Antimonium
- ENGEL: Hier wirken die Ishim, die Seelen des Feuers. Jede dieser Feuerseelen ist ein unendlich kleines elektrisch geladenes Teilchen, das um den Atomkern kreist.
- ERZENGEL: Der Erzengel Sandalphon und der Erzengel Uriel (= Auriel) herrschen hier. Während Uriel das Element Erde als Ebene der Verfestigung vertritt, gilt Sandalphon nach kabbalistischer Tradition als Zwillingsbruder des Erzengels Metatron, der in Kether herrscht. Dies ist ein Hinweis darauf, daß es auch auf der irdisch-materiellen Ebene möglich ist, sich mit dem Göttlichen zu verbinden. Gott ist in allem, was ist – alles, was ist, ist in Gott. Oder: Gott und ich sind eins.

Praxis:

Erzengelmeditation für jeden Tag

Der letzte der zehn Erzengel wird nun das Werk vollenden. Aktivieren Sie Ihren Bergkristall mit dem Mittelfinger der linken Hand, und rufen Sie den Erzengel Uriel. Der Kristall steht im Lebensbaum auf Malkuth. Alle zehn Stationen des Lebensbaums und die Energien der zehn Erzengel sind nun im Bergkristall abgespeichert.

Heilkräuter und Tips

STÄRKUNG DER GEBÄRMUTTER

Zur Stärkung der Gebärmutter können Sie bis zur Geburt täglich Himbeerblättertee trinken. Mischen Sie ihn mit Frauenmantel, etwas frischer Ingwerwurzel und Zimt, und süßen Sie nach Geschmack mit Honig. Himbeerblättertee macht den Muttermund weich. Frauenmantel unterstützt die Stoffwechselprozesse um die Geburt.

Teemischung:

- 50 g Himbeerblättertee
- 10 g Frauenmantel
- 20 g Zimtrinde

Massageöl für die Geburt

Jetzt ist es Zeit, ein Massageöl für die Geburt herzustellen. Nehmen Sie dazu:

- 100 ml Jojobaöl
- 1 ml ätherisches Muskatellersalbeiöl – dies wirkt auf das Hormonal-Genital-System (Sclareol = östrogenähnlich), sonstige Wirkungen: kreislaufanregend, krampflösend, beruhigend, gegen nervöse Erschöpfung
- Setzen Sie sich vor den Altar, und entzünden Sie die Altarkerze.
- Nehmen Sie die Ölmischung in die linke Hand, und rufen Sie dreimal den Namen des Engels Harahel, er ist der Helfer aller Gynäkologen und Hebammen. Er kann bei der Geburt mit der Bitte um Schutz und Erleichterung gerufen werden.
- Sprechen Sie 21mal den Psalm 113 Vers 3: »Vom Aufgang der Sonne bis zum Untergang sei der Name des Herrn gelobt.« Damit aktivieren Sie Harahels Hilfe. Schütteln Sie währenddessen die Ölflasche 21mal, und stellen Sie sich dabei vor, daß Sie die Energien des Engels in die Flasche hineinschütteln.

Geburtsrune

Die Herkunft der Runen ist bis heute geheimnisvoll. Sie wurden einst von den alten Germanenstämmen, die über ganz Europa verbreitet waren, zu sakralen Zwecken verwendet. Aber nicht nur hier, selbst in Indien und China fand man in Stein geritzte Runen. Das Alter mancher Funde wird auf 5.000 bis 10.000 Jahre geschätzt.

Jede Rune ist mit einem Kraftfeld verbunden, das über die Jahr Jahrtausende von vielen Priestern aufgeladen und immer wieder verstärkt wurde. Das macht die Runen so wirkungsvoll. Verbindet man sich mit einer bestimmten Rune, so schließt man sich automatisch an deren Kraftfeld an und kann sich diese Energie zunutze machen.

Die Rune Berkana hat eine sanfte, einhüllende, beschützende weibliche Qualität. Sie versinnbildlicht die Gebärmutter: Berkana – Bärmutter – Uterus. Berkana unterstützt alles Werden und Gebären und vermittelt mütterliche Geborgenheit. Sie wurde in früheren Zeiten den Mädchen als Silberschmuck um den Hals gelegt. Biegen Sie sich aus Silberdraht eine Berkanarune und tragen Sie sie bis nach der Geburt um den Hals.

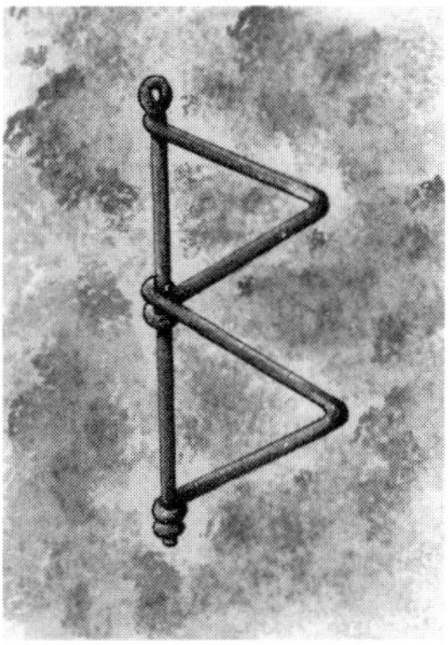

Vorbereitung des Kindes

Das Kind auf die Geburt vorbereiten, es willkommen heißen

Gehen Sie immer wieder durch Ihre Wohnung, und zeigen Sie Ihrem Kind sein neues Heim. Beschreiben Sie, wie es hier aussieht und wie es riecht. Erzählen Sie Ihrem Baby, daß Sie sich auf seine Ankunft freuen, daß Sie bald gemeinsam das Fest der Geburt erleben und es dann in die Arme schließen werden. Der Papa kann ebenfalls erzählen, wie er sich auf die Geburt freut, wie gespannt er sein Kind erwartet.

Märchen

Diesen Monat lesen wir:

Aramos

Tief im Erdreich, für Menschenaugen verborgen, leben die Zwerge. Es sind sehr fleißige Burschen. Sie hämmern im Fels und hüten die Kristalle, streicheln die zarten Wurzelfasern der Pflanzen und Kräuter und pflegen die kräftigen, sich tief ins Erdreich streckenden mächtigen Baumwurzeln. Nur wenige kennen die Eingänge in die Erde, und so können die Zwerge ungestört ihrer Arbeit nachgehen. An eines der geheimen Tore jedoch klopfte in den frühen Morgenstunden des

ersten Tages nach Vollmond eine geheimnisvolle, unter einem braunen Kapuzenmantel verborgene Gestalt mit einem langen Stab in der rechten Hand. Sie begehrte Einlaß und eine Audienz beim König der Zwerge.
Ein stummer Zwergendiener mit einer großen Laterne führte den verhüllten Fremden durch die dunklen Felsengänge bis zum Thronsaal, dessen gewölbte Decke über und über mit in allen Farben leuchtenden Edelsteinen geschmückt war. Der Besucher verbeugte sich nicht vor dem ehrfurchtgebietenden alten Zwergenkönig, dessen weißer Bart bis zur Erde reichte. Hier in den Tiefen der Erde enthüllte die geheimnisvolle Gestalt endlich ihr sorgenvolles, von tiefen Furchen durchzogenes, dunkel gegerbtes Gesicht, das von grauen langen Haaren und einem grauen Bart, der bis zur Brust reichte, umrandet war.
»Aramos, was führt Euch in meine Hallen? Viele Zeitalter ist es her, seit wir uns das letzte Mal begegnet sind. Es muß ein wichtiges Anliegen sein, das Euch in diese tiefen Gefilde führt.«
»So ist es«, sprach der alte Zauberer bekümmert und stützte sich müde auf seinen magischen Stab. »Die Welt gerät aus den Fugen. Die dunkle Macht hat Überhand gewonnen und sät Zwietracht. In vielen Teilen der Erde wüten vernichtende Stürme, machen Feuersbrünste der Natur den Garaus, zerrütten Erdbeben das harmonische Gefüge, und die Wasser treten verschlingend über die Ufer. Wenn wir der dunklen

Macht nicht Einhalt gebieten, wird sie uns vernichten.«

»Aber wie konnte das geschehen?« Der Zwergenkönig blickte dem großen Zauberer erschüttert in die gütigen Augen, die wie blaue Saphire leuchteten.

»Als die Kräfte aus dem Gleichgewicht gerieten, fand die dunkle Macht Zugang zu Bereichen, die ihr normalerweise verschlossen sind. Sie bediente sich dabei verschiedener Wesen, und auch Menschen wurden zu Helfershelfern, da sie Gefallen an der zerstörenden Macht fanden.«

»Was können wir schon dagegen tun? Wir sind hier in unserem Reich mächtig, aber zu anderen Bereichen haben wir keinen Zugang. Warum kümmern sich nicht die oberen Hierarchien darum?«

»Die haben bereits ihre Anweisungen, ohne unsere Hilfe sind sie jedoch nicht in der Lage, die Katastrophe zu verhindern.« Aramos setzte sich auf einen Steinvorsprung und sprach weiter: »Ich bin als Botschafter und Vermittler bestimmt worden, um die zerstrittenen Elemente wieder zu versöhnen.«

»Unmöglich, wie soll das gehen? Seit Jahren tyrannisieren uns die Nixen mit ihren Helfershelfern. Einmal haben wir zuwenig Wasser, und unsere Pflanzen verdursten qualvoll, dann wiederum überschwemmen sie uns mit wolkenbruchartigem Regen, bei dem die Sturmgeister, die Helfer der Sylphen, ihre Komplizen, gegen uns sind. Auch die Feuerwesen, die Salamander, haben sich mit den Windgeistern gegen uns

verschworen und entfachen heftige Feuersbrünste, bei denen sie unsere ältesten weisesten Bäume zerstören.«

»Und ihr selbst rüttelt die Erde mit euren Erdbeben aus den Fugen«, entgegnete Aramos traurig.

»Ja wir müssen uns doch zur Wehr setzen, wenn sich alles gegen uns verschworen hat!« brauste der Zwergenkönig wütend auf.

»Seht Ihr, auch hier in diesen ehrwürdigen Hallen hat die dunkle Macht ihre Samen der Zwietracht gesät. Wie eine Krake umklammert sie bereits die ganze Welt und wird sie verschlingen, wenn nicht sofort etwas geschieht. Es gibt nur eine Möglichkeit, den Schrekken aufzuhalten: Wir brauchen einen mutigen, standfesten und aufrichtigen Helfer aus jedem Elementereich. Im Feuerreich der Salamander konnte ich Grostni für uns gewinnen, aus dem Luftreich steht uns Schnirgu zur Seite und aus dem Wasserreich Mezakil. Wen könnt Ihr mir mit auf den Weg geben, ehrenwerter König der Zwerge?«

»Ich weiß nicht, was das bringen soll«, brauste der alte Zwerg auf.

»Laßt das meine Sorge sein. Nennt mir einen Helfer, um den Rest kümmere ich mich.«

»Entbehren kann ich eigentlich niemanden. Wir haben im Frühjahr alle Hände voll zu tun. Tutupa, einer unserer Jungen wird Euch begleiten.«

Am selben Tag noch zog des Zauberers große, in einen Kapuzenmantel eingehüllte Gestalt über Land in Be-

gleitung der wunderschönen feingliedrigen und betörenden Mezakil, des feurigen temperamentvollen Grostni, der die Wasserfrau um einen Kopf überragte, Schnirgus, des Unnahbaren, und des kleinen gedrungenen Tutupa, der mit seinen kurzen Beinen Schwierigkeiten hatte, Schritt zu halten.

»Wie geht's jetzt weiter?« schnaufte Tutupa atemlos.

»Wartet, bis wir am vereinbarten Treffpunkt angelangt sind, dort werden wir unsere Anweisungen erhalten.« Aramos verlangsamte seinen Schritt nicht, während er sprach. »Wir müssen uns beeilen, noch vor Sonnenuntergang müssen wir das Drachenplateau erreicht haben.«

Nach einem anstrengenden Marsch erreichte die kleine Gesellschaft endlich ihr Ziel, das in das Rot der untergehenden Sonne eingetaucht war. Der sandige trockene Boden wurde nur von vereinzelten kümmerlichen Sträuchern bedeckt. Die ganze Gegend wirkte trostlos und ausgestorben.

»Ich mache uns ein Feuer.« Grostnis Augen suchten den Boden nach Feuerholz ab.

»Nein«, entgegnete Aramos streng, »wir müssen unentdeckt bleiben. Ich hoffe, die Späher der Finsternis haben uns noch nicht bemerkt.« Er sah sich suchend um und ging dann zielstrebig zu einem großen, unter einem Busch liegenden Stein. Er hob ihn an und zog eine kleine Pergamentrolle darunter hervor.

»Hier sind unsere Anweisungen!« Die Stirn in Falten gelegt, überflog er die Botschaft, die er dann in kleine

Stücke zerriß und aufzuessen begann, damit kein Unbefugter sie lesen konnte.

»In achtundzwanzig Tagen, wenn der Mond wieder sein volles Antlitz zeigt, wird ein Menschenkind geboren werden. Dieses Kind, ein Mädchen, ist dazu bestimmt, die dunkle Macht in ihre Schranken zu verweisen. Damit es seine Aufgabe erfüllen kann, müssen sich die vier Elemente wieder im Ausgleich und Frieden miteinander befinden und gemeinsam ein Amulett herstellen, das dem neugeborenen Mädchen die Kraft und Ausgeglichenheit verleihen wird, mit der es der Dunkelheit standhalten kann. Ihr vier, die ihr auserwählt wurdet, das Kind bei seiner Mission zu unterstützen und es zu beschützen, werdet stellvertretend für eure Reiche den Frieden besiegeln und das Amulett anfertigen, und zwar noch heute nacht. Aus dem Reich der Bäume hat sich der Holundergeist bereit erklärt, unsere Aufgabe zu unterstützen, und uns wurde diese Scheibe zur Verfügung gestellt.«

Aramos zog eine dünne Scheibe aus Holunderholz aus seinem Beutel und reichte sie den Gefährten. Eine knorrige weibliche Gestalt mit einem spitzen Hut auf dem Kopf, nicht größer als ein Daumen, saß auf der Scheibe und grinste die Gefährten an.

»Gehabt euch wohl«, sprach sie, zog ihren Hut und verbeugte sich leicht. »Mir kommt die Aufgabe zu, die Kräfte zusammenzuhalten, die ihr in die Scheibe gebt, ich hüte das Schicksal des Kindes und helfe ihm, durch manches Tor unbeschadet hindurchzugehen.«

Grostni, Tutupa, Mezakil und Schnirgu stellten sich im Kreis um die Holunderscheibe. Gemeinsam begannen sie, ihre Energien auf die Scheibe zu übertragen. Grostni ließ die Scheibe feurig erglühen, Schnirgu blies das Feuer immer wieder an, so daß es noch kraftvoller wurde. Mezakil legte einen Mantel aus kühlendem Wasser um das tobende Feuer, so daß es gemeinsam mit der Luft ins Innere des Amuletts gedrängt wurde, und Tutupa preßte mit seiner erdigen Kraft alles noch fester zusammen, so daß sich eine stabile vibrierende Energiekugel um die Scheibe bildete. In der Mitte der Scheibe stand der Holundergeist mit ausgebreiteten Armen und lächelte zufrieden.

Da stieß plötzlich ein häßlich kreischender riesiger schwarzer grauenhafter Vogel vom Himmel und ergriff mit seinem gefährlich spitzen Schnabel noch im Sturzflug die Holunderscheibe. So schnell wie er gekommen war, stieg er auch wieder in den Himmel auf.

»Schnell«, rief Aramos, »ihm nach!« Er erhob seinen magischen Stab, murmelte ein paar unverständliche Worte und verwandelte sich augenblicklich in eine weiße Taube. Grostni, Tutupa, Mezakil und Schnirgu schwangen sich auf den Rücken der Taube und erhoben sich in die Lüfte.

Als der schwarze Vogel bemerkte, daß er verfolgt wurde, stieß er einen spitzen Schrei aus und stürzte sich auf die weiße Taube. Er verletzte sie am linken Flügel. Blut tropfte aus der Wunde, und die Taube begann

in der Luft zu trudeln. Sofort versuchte Schnirgu, den Absturz durch ein Luftpolster zu verhindern. Gleichzeitig schleuderte Grostni einen Blitz in Richtung des Feindes. Tutupa schaute ängstlich nach unten. Diese Höhen war er nicht gewohnt, und er fühlte sich ziemlich hilflos. Da nahm er all seinen Mut zusammen und katapultierte einen Stein auf den schwarzen Vogel. Vor Schmerz heulte dieser auf, und das Amulett entglitt seinem gefährlichen Raubvogelschnabel.

Geschwind bildete Mezakil einen Wasserteppich, in den das Amulett nun hineinfiel. Verärgert schimpfend verschwand der schwarze Vogel im Dunkel der Nacht. Erschöpft ließen sich die Gefährten zur Erde hinab, wo sich die Taube in Aramos zurückverwandelte. Seine linke Schulter blutete und mußte mit heilenden Kräutern verbunden werden, die Tutupa geschickt auf die Wunde legte. Das Amulett verwahrte Aramos in seiner Brusttasche. Am nächsten Tag würden sie sich auf die Suche nach der jungen Menschenfrau begeben, die bald ein ganz besonderes Kind zur Welt bringen würde.

Die Geburt

Angst schnürt zusammen,
erzeugt Anspannung,
schränkt den Blickwinkel ein,
blockiert positive Gefühle.
Angst ist das Gegenteil von Liebe.

Für jede Frau ist die Entbindung eine tiefgreifende Erfahrung, die sie für immer verändert. Das Geburtserlebnis konfrontiert uns mit Kräften, die wir sonst nicht erfahren. Wenn wir uns auf das Geburtsereignis einlassen können, uns ganz hingeben, lernen wir unsere Kraft und weibliche Stärke kennen wie nie zuvor.

Leider ist die Geburt bei vielen Frauen mit Ängsten belegt, die ein positives Erleben erschweren oder sogar völlig unmöglich machen. Das fängt an mit Spielfilmen, in denen Geburten auf die unglaublichsten Arten dargestellt werden. Besonders in amerikanischen Filmen geht es dann hektisch und sehr steril zur Sache. Die Frauen hecheln und schreien sich durch die Entbindung, daß sich mir die Haare sträuben. Natürlich in Rückenlage, möglichst noch mit grünen OP-Tüchern abgedeckt, einer Haube auf dem Kopf und einem aufgeregten Vater nebendran, der gleich in

Ohnmacht zu fallen droht. Dann gibt es da noch die beliebten Schauergeschichten über schreckliche Entbindungen, die an Todeskämpfe erinnern; meistens werden diese Dramen ausgerechnet schwangeren Frauen erzählt: wie zuvorkommend! Die eigene Mutter kann uns meistens keine Stütze sein, da sie selbst von negativen Geburtserlebnissen in sterilen Kreißsälen traumatisiert ist. Die Freundinnen erzählen mit einem schmerzlichen Lächeln: »... Ja, wenn dann das Kind da ist, ist aller Schmerz vergessen ...« – wie tröstlich!

Aber gibt es denn überhaupt schöne Geburtserlebnisse? Ja, glauben Sie mir, die gibt es. Ich hatte selbst vier herrliche Geburten, jede völlig anders als die vorige, jede einmalig schön:

Meinen Sohn Sven, den ältesten, bekam ich in einem kleinen Krankenhaus, da ich zu der Zeit keine Hebamme fand, die eine Hausgeburt machen wollte. Um 14:00 Uhr kam ich mit ganz leichten Wehen dort an, nachdem die Fruchtblase schon mit einem lauten Knall, wie bei einem Luftballon, geplatzt war. Zu meinem Glück war ich mit der Hebamme, bei der ich schon ein Jahr zuvor ein Hebammenpraktikum absolviert hatte, allein im Kreißsaal. Kein Arzt störte mich. Vor 20 Jahren war es noch nicht üblich, anders als in Rükkenlage auf einer schmalen Liege zu entbinden. Da ich jedoch ungestört war, riß ich mir den Wehenschreiber vom Bauch und vollführte die reinste Akrobatik während der Wehen. Ich war durch das bedingungslose Annehmen jeder Wehe in einem so tiefen Trancezustand, daß ich nichts um mich herum wahrnahm. Mein Becken schaukelte das Köpfchen des Kindes immer tiefer in den Geburtskanal. Nach dreieinhalb Stunden, um 17:31 Uhr, war dann zum Erstaunen der Hebamme, die mir zwölf Stunden Geburtsarbeit prophezeit hatte, Sven geboren, mein erstes Kind – ohne Dammschnitt oder -riß.

Zwanzig Monate später bekam ich dann meine Tochter Vanessa zu Hause. Dieses Mal dauerte die Geburt zwölf Stunden. Die Wehen waren jedoch ganz sanft und sehr gut mit meinem Atem zu begleiten, da die Fruchtblase bis zum Schluß intakt war und wie ein sanftes Polster den Druck auf den Muttermund dämpfte. Ich erlebte keinen Trancezustand, war jedoch so energiegeladen, daß ich noch ein paar Stunden so hätte weitermachen können. Bis zum Schluß war ich auf den Beinen und ging durch die Wohnung. Vanessa gebar ich in Hockstellung. Da sie jedoch die Nabelschnur um den Hals gewickelt hatte und die Hebamme diese über das Köpfchen zog, bevor der ganze Körper geboren war, kam es doch zu einem Riß, der genäht werden mußte. Außerdem hatte die Hebamme keine Geduld mehr, sie wollte nicht länger warten und sprengte eine halbe Stunde vor der Geburt die Fruchtblase. Von diesem Augenblick an hatte ich übergangslos heftige Wehen. Leider hatte ich mich nicht durchsetzen und die Sprengung der Fruchtblase verhindern können.

Zwei Jahre danach verlor ich im vierten Monat unter dramatischen Umständen ein Mädchen. Auch da hatte ich geburtsähnliche Wehen, mit denen ich jedoch nicht so gut klarkam, ich wollte ja das Kind nicht verlieren, also konnte ich die Wehen nicht zulassen.

Melvin kam dann vier Jahre nach Vanessa, und zwar im Wohnzimmer auf einem Gebärhocker, zur Welt. Die Fruchtblase platzte morgens im Bett. Danach begannen die Wehen, die ich, bis die Preßwehen begannen, mit dem Oberkörper über einen Gymnastikball gelehnt, kniend und mit dem Becken schaukelnd, sehr gut bewältigte. Mein Mann machte mir ständig heiße Kompressen, was mir sehr guttat. Wieder war ich in einem Trancezustand. Mein Bewußtsein war ganz und gar nach innen gerichtet. Mit jeder Kontraktion visualisierte ich, wie sich der Muttermund ein Stück weiter öffnete. Dieses Mal hatte ich endlich Raphaela gefunden, die Hebamme, die meine Einstellung zur Geburt teilte und mich ganz in Ruhe ließ. Nach zwei Stunden war Melvin da. Mit seinen neun Pfund bahnte er sich seinen Weg mit Hilfe der Schwerkraft, ich preßte nicht, sondern atmete ihn zum Erstaunen des anwesenden Arztes aus, ganz ohne Dammriß. Der Arzt bemerkte anschließend, es sei ihm jetzt klargeworden, daß ein Arzt bei einer normalen Geburt völlig überflüssig sei. Dies sei doch ganz allein Frauensache.

Ich habe das Gefühl, daß ich bei jeder Geburt an Erfahrung dazugewonnen habe und den Geburtsablauf für mich selbst verfeinern und vervollkommnen konnte. So brachte ich dann fünf Jahre später Noel zur Welt, ebenfalls zu Hause, ebenfalls in der Hocke, aber dieses Mal in einem großen Wasserbecken, dessen Wasser ich geweiht hatte. Ganz ohne Wehen öffnete sich der Muttermund im warmen, entspannenden Wasser. Nur ein Ziehen, wie bei der Menstruation, war zu spüren. Ich war ganz allein mit meinen drei Kindern zu Hause, die ab und an zu mir hereinkamen und dann wieder spielen gingen. Als der Muttermund vollständig geöffnet war, was ich immer wieder selbst überprüfte, platzte die Fruchtblase. Jetzt bat ich meine Kinder, ihren Vater und die Hebamme anzurufen. Die beiden kamen fast gleichzeitig in dem Moment zur Tür herein, als ich bereits das Köpfchen mit den flauschigen Haaren im Geburtskanal an meinen Fingerspitzen spürte. Die Wucht der Kontraktionen wurde auf einmal so gewaltig wie ein Erdbeben. Ich empfand es jedoch nicht als schmerzhaft, so daß ich die Energie mit meinem befreienden Schreien nach unten leitete. Wieder preßte ich nicht, mein Körper schob den Kopf des Kindes mit gewaltigem Druck von allein nach draußen. Meine Hand blieb die ganze Zeit am Köpfchen und ertastete die weichen Ohren und die Nase des Kleinen. So verharrte ich zwischen den Wehen, und die Zeit schien stillzustehen. Dann kam noch einmal eine gewaltige Welle, und der kleine

Körper war geboren. Sanft hoben meine und die Hände der Hebamme das Neugeborene an die Wasseroberfläche, wo es dann entspannt und mit einem Lächeln im Gesicht die Finger und Zehen spreizte und sich sichtlich wohl fühlte. Kein Kinderschrei war notwendig. Es war ein heiliger Augenblick in völliger friedlicher Stille.

Ekstase bedeutet, das Unbequeme willkommen zu heißen. Eine wahrhaft aufgeschlossene, zu allem bereite Frau, die Widerständen begegnet und sie in Ekstase transformieren möchte, wird sich nicht an jene wenden, die ihr Gründe oder Entschuldigungen liefern, ihren Mangel an Aufgeschlossenheit zu unterstützen. Sie wird sich immer jemanden aussuchen, der ihr vertrauensvoll und begeistert dabei hilft, diese Widerstände als Herausforderung anzunehmen, durch sie hindurchzugehen und die erweiterte Freiheit auf der anderen Seite zu erreichen. Nur in dem Ausmaß, in dem Sie sich immer wieder Ihren Ängsten stellen, können Sie die Erfahrung der Ekstase in Ihrem Leben wie eine Blume erblühen lassen. Damit das Leben ekstatisch ist, müssen Sie die Unbequemlichkeiten, die auftauchen, willkommen heißen. Der Unbequemlichkeit Widerstand zu leisten verlängert sie nur.

Ihre Bereitwilligkeit, sich diesen Widerständen zu stellen, bestimmt die Intensität, in der Sie sich zufrieden und stark fühlen. Indem Sie durch sie hindurchgehen, mit ihnen mitgehen, in dem Moment, in dem sie entstehen, anstatt daß Sie versuchen, sie zu umgehen, finden Sie die Kraft, das Unmögliche zu tun, Wunder zu bewirken und dem Leben ekstatisch zu begegnen.

Der schlimmste Feind bei der Geburt ist die Angst. Sie produziert im Körper das Hormon Adrenalin. Zuviel Adrenalin im Körper verursacht ein Zusammenziehen der Blutgefäße und reduziert die Blutzufuhr zur Gebärmutter. Dadurch kann bei der Geburt die Gebärmutteraktivität sowie die Sauerstoffzufuhr zum Kind verringert werden. Durch die Angst verspannt sich die Mutter, und der Muttermund öffnet sich nur sehr langsam. Frauen, die sich aus Angst vor den zu erwartenden Schmerzen verkrampfen, verlängern den Geburtsverlauf um einige Stunden und haben größere Schmerzen, weil sie nicht loslassen.

Der zweite Feind und große Verzögerer ist die fehlende Privatsphäre. Dazu möchte ich Sheila Kitzinger zitieren: »Die Atmosphäre, die zu einem schönen Erlebnis beiträgt, ist für eine Geburt genauso ausschlaggebend wie für ein Liebeserlebnis. Ob es Spaß machen würde, auf einem schmalen, hohen Bett Geschlechtsverkehr zu haben (und das Bett eines durchschnittlichen Kreißsaals ist sehr schmal) oder vor den Augen gelegentlicher Beobachter, die mehr oder weniger ermutigende Bemerkungen über den Fortschritt machen? Wer kann sich eine Liebesszene vorstellen, in der die Beteiligten von Medikamenten benebelt und verwirrt sind und sich zwischendurch erbrechen müssen? Wer würde sich eine fensterlose, gekachelte Zelle aussuchen, die mit rostfreien Stahlgeräten und Neonlicht ausgestattet ist? Welchen Menschen gelingt es, ihren Körper genußvoll zu empfinden, wenn sie häufig daraufhin untersucht werden, ›wie weit‹ sie sind, und ihnen gesagt wird, daß, wenn sie bis 4:30 Uhr keinen Orgasmus haben, der Akt ohne ihre Mithilfe beendet wird?«

Beim Geburtsvorgang, wie auch bei der Sexualität, wird das »primitive«, archaische Gehirn aktiviert. Dieser Teil des Gehirns produziert die Hormone, die für wirksame Gebärmutterkontraktionen zuständig sind. Durch das Ausschütten der Hormone wird die Funktion des Neokortex (der rationell und logisch denkende neuere Teil des Gehirns) eingeschränkt, so daß sich die Bewußtseinsebene der Frau verändert, Schmerz und auch die Umgebung nicht mehr wahrgenommen werden.

In unserer rationalen Gesellschaft wird die Weisheit des instinktiven, emotionalen Gehirns verachtet und immer mehr unterdrückt. Dieser Teil jedoch weiß um die Einheit, weiß, daß wir ein Teil des Ganzen sind. Die rechte Gehirnhälfte steht in engerer Beziehung zu unserem alten Hirn als die linke, intellektuell geprägte. Der Neokortex, unser »modernes« Gehirn, wird für alles benötigt, was mit Logik, Kontrolle, Rationalität, Wissenschaftlichkeit zu tun hat, und befähigt uns zu sprechen. Um den Geburtsverlauf zu verzögern, ihn langwieriger, schwieriger und schmerzhafter zu machen, muß man also nur den Neokortex aktivieren. Man weiß, daß insbesondere helles Licht den Neokortex stimuliert. Ebenfalls anregend wirkt es, wenn Fragen an die Gebärende gerichtet werden oder sie gezwungen wird zuzuhören oder wenn sie von Beobachtern umgeben ist. Dies reißt sie sofort aus ihrem Trancezustand. Das archaische Gehirn benötigt also gedämpftes Licht, Privatsphäre und Geborgenheit.

Die Geburt ist in drei Phasen unterteilt. Die Eröffnungsphase, die Übergangsphase und die Austreibungsphase.

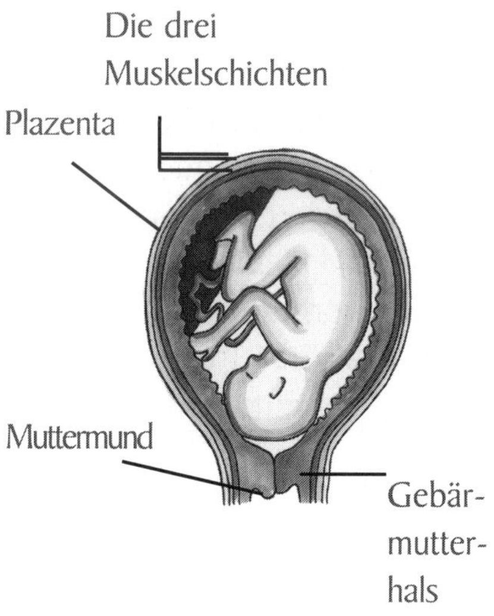

Vor Geburtsbeginn

Was löst den Geburtsvorgang aus?

Der Auslösemechanismus, der eine Geburt in Gang setzt, ist noch nicht vollständig erforscht. Bekannt ist, daß ein Zusammenspiel hormoneller und nervlicher Einflüsse notwendig ist: Östrogen wird während der Schwangerschaft in der Plazenta gebildet. Dabei werden vorgefertigte Steroide eingesetzt. Kurz vor der Geburt produziert die kindliche Nebenniere ca. sechsmal soviel Steroide wie die Mutter. Somit ist das Baby wesentlich am Vorgang der Geburtsauslösung beteiligt. Das Hormon Progesteron, das während der gesamten Schwangerschaft eine entspannende Wirkung auf den mütterlichen Organismus hat und vorzeitige Wehen verhindert, wird reduziert, sobald der Säugling Geburtsreife hat. Oxytocin stimuliert die Kontraktion der äußeren längs verlaufenden Muskeln der Gebärmutter und intensiviert ihre Stärke und Häufigkeit. Das Hormon Prostaglandine, das während der Schwangerschaft kaum vorhanden ist, wird bei Geburtsbeginn von der Mutter freigesetzt und verursacht Kontraktionen in der mittleren Muskelschicht der Gebärmutter.

Die Gebärmutter besteht aus drei Muskelschichten:

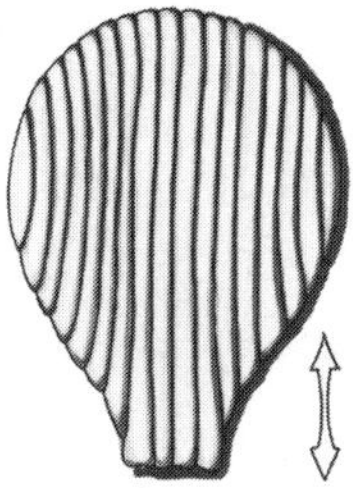

Die äußere Muskelschicht wird erst in den letzten Schwangerschaftswochen aktiv.

Die mittlere Muskelschicht mit den großen Blutgefäßen

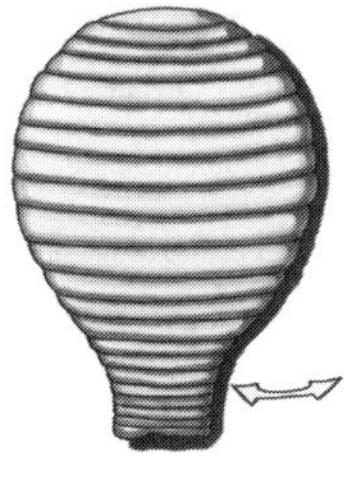

Die innere Muskelschicht hält während der Schwangerschaft den Gebärmutterhals geschlossen.

Was sind die Anzeichen für den Geburtsbeginn?

- Ein plötzlicher Anfall von »Arbeitswut« kann auftreten. Manche Frauen beginnen spontan mit einem Großputz oder räumen die Wohnung um. Das ist der sogenannte Nestbauinstinkt. Dieser Energieanstieg sollte jedoch für die bevorstehende Geburt genutzt werden.
- Ein Druckgefühl oder Ziehen in der Scheide
- Schleimiger, blutiger Ausfluß kann abgehen, wenn der Muttermund sich zu öffnen beginnt. Dieser Schleimpfropf hielt ihn bisher verschlossen. Das Blut kommt von harmlosen kleinen Rissen, die entstehen, wenn sich die Fruchtblase und der Muttermund voneinander lösen. Dies ist völlig normal. Sollten jedoch stärkere Blutungen auftreten, muß die Hebamme verständigt werden.
- Möglicherweise platzt die Fruchtblase. Hat sich der kindliche Kopf ins Becken gesenkt, fließt nur das Vorwasser ab, was leicht mit einem unwillkürlichen Urinabgang verwechselt werden kann. Das Fruchtwasser ist jedoch durchsichtig und kann nicht wie Urin durch Muskelanspannung zurückgehalten werden. Hat sich der kindliche Kopf noch nicht gesenkt, dann kann das ganze Fruchtwasser abfließen, da das Köpfchen nicht wie ein Stopfen den Abfluß blockiert. Das Kind kann jedoch nicht austrocknen, da die Zellen der Eihäute bis zu einem Liter Fruchtwasser pro Stunde

produzieren; das Baby wird also ständig von Flüssigkeit umspült. Auf jeden Fall sollten Sie sich in dieser Situation hinlegen und die Hebamme informieren. Sie wird dann untersuchen, ob die Nabelschnur vorgefallen ist und eventuell eingeklemmt wird. Ist dies nicht der Fall, können Sie wieder aufstehen und sich ganz normal bewegen. Wichtig ist jetzt besonders, auf Reinlichkeit zu achten, damit keine Infektion auftreten kann. Dies ist zu Hause besser gewährleistet als im Krankenhaus, wo es von desinfektionsmittelresistenten Viren nur so wimmelt.

- Regelmäßige Wehen, die sich als Ziehen im Unterbauch bemerkbar machen, ähnlich Periodenschmerzen, und länger als 30 Sekunden anhalten und an Intensität und Häufigkeit zunehmen

Das sollten Sie für die Geburt bereithalten:

- Eine große Krankenunterlage (Apotheke) unter das Leintuch legen, falls das Fruchtwasser in der Nacht abgeht.
- Ein Haarband, falls Sie lange Haare haben, die sonst recht lästig im Gesicht hängen.
- Einen Fettstift für die Lippen, da sie durch das viele Atmen austrocknen und spröde werden.
- Warme Socken, möglichst in Rot (um das Wurzel-Chakra anzuregen), die Füße können im Gegen-

satz zum restlichen Körper auskühlen, da sich die gesamte Energie jetzt im Bauchraum sammelt.

- Eiswürfel zum Lutschen oder um die Stirn zu kühlen.
- Traubenzucker oder Honig zur Stärkung – geht sofort ins Blut.
- Ihr Lieblingsgetränk

WICHTIG: *Eine Thermoskanne voll mit sehr starkem Kaffee oder heißem Wasser mit einigen Tropfen ätherischem Muskatellersalbeiöl und einen Waschlappen für Kompressen am Damm, am Kreuzbein und oberhalb des Schambeins – sie lockern und entspannen Muttermund, Gewebe und Muskulatur während der Eröffnungs- und Übergangsphase.*

- Himbeerblättertee gemischt mit Frauenmantel zur Stärkung der Gebärmutter und Lockerung des Muttermundes
- Zimttee mit Honig (2 – 3 Zimtstangen in ¼ l Wasser aufkochen), das beruhigt und entspannt.
- Das vorbereitete Massageöl für die Geburt (siehe 10. Monat)
- Die Engelskerzen

Zusätzlich bei einer Hausgeburt:

- Genügend Krankenunterlagen
- Große Badetücher, die im Backofen bei 50 Grad erwärmt werden. Damit werden Mutter und Kind nach der Geburt eingewickelt.
- Einen Topf kochendes Wasser, darin sterilisiert die Hebamme ihre Instrumente; zum Beispiel die Schere, mit der die Nabelschnur durchtrennt wird.
- Eine große Packung Windeleinlagen; sie sehen zwar aus wie Binden, sind jedoch wesentlich größer und saugfähiger, sie werden für die Nachblutungen gebraucht, die direkt nach der Geburt sehr stark sind, so daß zwei Windeleinlagen gleichzeitig notwendig sind. Normale Monatsbinden sind unbrauchbar.
- Dehnbare Netzschlüpfer (Sanitätshaus oder Apotheke) halten die Einlagen an ihrem Platz und kratzen nicht so unangenehm wie Wegwerfslips.
- Einen Eimer für die Plazenta
- Große Müllbeutel für Binden und Krankenunterlagen

Bei einer Wassergeburt zu Hause:

- Ein aufblasbares Kissen oder einen Schwimmring, auf den Sie im Wasser den Oberkörper legen können
- 250 g Salz vom Toten Meer ins Wasser geben

WICHTIG: *Sorgen Sie rechtzeitig dafür, daß die Temperatur des Wasserboilers so hoch wie möglich eingestellt ist, damit Sie genügend heißes Wasser zur Verfügung haben. Wenn die Geburt länger dauert, muß ein Teil des Wassers im Geburtsbecken erneuert werden, da es sonst zu kalt wird!*

Sprechen Sie gegebenenfalls schon früh genug mit Ihrem Vermieter. Ich habe eine Wassergeburt begleitet, bei der wir in mehreren großen Einmachtöpfen mindestens zwei Stunden lang Wasser kochen mußten, weil das Leitungswasser nicht warm genug war. Diesen Streß- und Unruhefaktor sollten Sie ausschließen.

Für die Notfallapotheke

Hirtentäscheltinktur ist ein sehr wirksames blutstillendes Mittel und kann von großem Nutzen sein, wenn nach der Geburt die Blutungen bedenkliche Ausmaße annehmen sollten. Hirtentäschelkraut ist eine bis zu 40 cm hohe wenig behaarte Pflanze. Man findet sie als »Unkraut« auf Äckern, an Wegrändern und in Gärten. Sie ist fast weltweit verbreitet. Gesammelt wird das Kraut.

Bei einem Tee, der ja mit Wasser aufgebrüht wird, entfalten sich nur die wasserlöslichen Inhaltsstoffe der Heilpflanzen. Für Tinkturen zieht man mit Alkohol ganz andere Wirkstoffe aus der Pflanze, und die Substanzen sind durch die konservierende Eigenschaft des Alkohols lange haltbar. Die beste Tinktur wird immer aus der frischen Pflanze gewonnen. Zur Not kann man sich aber auch mit getrockneten Kräutern aus der Apotheke behelfen. Das folgende Rezept bezieht sich gewichtsmäßig auf die getrocknete Pflanze. Wenn Sie das Hirtentäschelkraut selbst sammeln, schneiden Sie die Pflanze klein und nehmen ungefähr die vierfache Menge des getrockneten Krauts. Wichtig ist es, beim Ansetzen mit Alkohol die Pflanzenteile vollständig zu bedecken.

✿ 10 g getrocknetes Hirtentäschelkraut (oder 40 g frisches Kraut) werden in ein Glas mit einem weiten Hals (großes Marmeladenglas oder Einmachglas) gefüllt.

- Das Ganze mit 50 g Weingeist (70%, aus der Apotheke) übergießen.
- Stellen Sie das verschlossene Gefäß 15 Tage auf den Altar.
- Schütteln Sie das Gefäß täglich 15mal, und geben Sie der Tinktur dabei mit Ihrem Willen und Ihrer inneren Vorstellungskraft den Auftrag, blutstillend zu wirken.
- Schütteln Sie sie dann ebenfalls jeden Tag 15mal, und sprechen Sie dabei ebensooft den Namen des Heilengels Habuiah in die Tinktur.
- Nach 15 Tagen filtern Sie die Tinktur durch ein Baumwolltuch und stellen dann die fertige Tinktur in einem verschlossenen Glasgefäß auf den Altar, damit sie weiterhin der sakralen Schwingung dieses Ortes ausgesetzt ist.

Bei zu starken Gebärmutterblutungen können 15 Tropfen der Tinktur, in einem Likörgläschen mit kaltem Wasser verdünnt und alle 10 bis 15 Minuten eingenommen, durch die adstringierende Wirkung des Hirtentäschels die Blutungen rasch und zuverlässig stillen.

!!! **VORSICHT:** Hirtentäschel darf nicht *während der Schwangerschaft* eingenommen werden, da es eine kontrahierende Wirkung auf die Gebärmutter ausübt!!!

Wenn die Geburt auf sich warten läßt

Wenn der Geburtstermin überschritten ist, möchte der Arzt Sie wahrscheinlich alle zwei Tage sehen, um Sie mit einem Herztonwehenschreiber, CTG (Cardiotokograph) zu untersuchen. Meistens jedoch ist einfach der Geburtstermin nicht richtig errechnet worden, und das Kind kommt zwei bis drei Wochen später zur Welt. Ein übertragenes Baby erkennt man an:

- der fehlenden Vernix (Käseschmiere), die bereits von der kindlichen Haut absorbiert wurde
- den sogenannten Waschfrauenhänden: Hände und Füße sind verschrumpelt wie bei uns nach einem langen Bad
- trockener und faltiger Haut
- mekoniumhaltigem Fruchtwasser: Wenn die Plazenta nicht mehr richtig funktioniert, leidet das Baby unter Sauerstoffmangel, und der Schließmuskel öffnet sich unwillkürlich
- langen Fingernägeln

Wie Sie den Geburtsvorgang fördern können

- Wenn sich bereits leichte Wehen eingestellt haben, können Sie diese fördern, indem Sie sich selbst einen Einlauf mit klarem warmem Wasser machen. Dies stimuliert oft den Geburtsbeginn und kann der letzte »Schubser« sein.
- 2 Eßlöffel Rizinusöl mit 1 Eßlöffel Schnaps oder Kognak auf ein Glas hochwertigen (100% Frucht) Aprikosensaft erfüllen den gleichen Zweck – es schmeckt jedoch scheußlich und kann Übelkeit verursachen. Der Aprikosensaft hat den Zweck, einen eventuellen Elektrolytverlust aufgrund des Durchfalls auszugleichen. Haben Sie keine Bedenken wegen des Schnapses. Eine Medikamentengabe durch den Arzt wäre wesentlich schädlicher.
- Solange die Fruchtblase noch intakt ist, kann Geschlechtsverkehr die Wehen fördern. Der Orgasmus der Frau produziert das Hormon Prostaglandine, welches ebenfalls im männlichen Samen vorhanden ist. Künstliches Prostaglandine wird manchmal zur Wehenförderung vom Arzt an den Muttermund appliziert. Das können Sie aber auch auf natürliche Weise haben.
- Das Zupfen und Saugen an den Brustwarzen stimuliert das Hormon Oxytocin. Das Abpumpen mit einer Milchpumpe (Apotheke) mehrmals am Tag ist besonders effektiv. Auf diese Art werden

zudem die Milchkanäle geöffnet, und sie können dann genügend Milch produzieren. Die Brustwarzen sollten anschließend mit etwas Milch betupft werden und an der Luft trocknen, sie sollten keinesfalls abgewaschen oder gar desinfiziert werden. So vermeiden Sie Risse und wunde Haut.

All diese Maßnahmen helfen jedoch nur, wenn das Kind wirklich geburtsbereit ist, ansonsten sollten Sie einfach Geduld haben und immer wieder mit Ihrem Kind kommunizieren. Sie können ihm gar nicht oft genug erzählen, wie sehr Sie sich schon alle auf seine Ankunft freuen und daß es herzlich willkommen ist.

Die Eröffnungsphase

Im ersten Abschnitt der Geburtsarbeit öffnet sich der Muttermund von zwei Millimetern auf zehn Zentimeter, so daß der Kopf des Kindes hindurchkann. Mit jeder Kontraktion öffnet sich der Muttermund ein Stück weiter. Vielfach wird behauptet, daß sich dieser Vorgang vor allem bei einer Erstgebärenden über viele Stunden hinzieht. Meiner eigenen Erfahrung nach und auch laut Aussagen einiger Hebammen ist dies jedoch meistens nur dann der Fall, wenn Angst oder eine unangenehme Atmosphäre die Situation belasten. Fühlt sich die Frau sicher, unbeobachtet und geborgen, kann eine Geburt auch bei einer Erstgebärenden von kurzer Dauer sein.

Hier kommt es jetzt wirklich auf die gute innere Vorbereitung und die Entspannung der Mutter an. Je besser Sie sich für das Kommende öffnen können und bereit sind, sich auf die Geburtsarbeit einzulassen, desto leichter wird sie sein. Stellen Sie sich die Wehen nicht als Schmerz vor, sondern wie eine Art Muskelkater. Nur weil wir Wehen mit Schmerz in Verbindung bringen, registriert unser Gehirn sie auch als Schmerz und reagiert entsprechend darauf. Wenn Sie als Ungeübte einen Berg erklimmen würden, bekämen Sie unvermeidlich Muskelkater. Trotzdem hätten Sie Freude an Ihrer Wanderung und würden sie nicht mit Schmerzen in Verbindung bringen. Spannen Sie einmal für eine Minute Ihre Oberarmmuskeln an, und spüren Sie dann in der Entspannung nach, wie sich das anfühlt. Stellen Sie sich vor, dies über mehrere Stunden in immer kürzeren Abständen zu tun. Was gäbe dies für einen Muskelkater!

Die Gebärmutter ist zum Zeitpunkt der Geburt der größte Muskel im Körper, der ausschließlich für die Geburtsarbeit soviel leisten muß. Bei vielen Frauen verkrampfen sich während der Geburt eine Reihe anderer Muskeln – die Oberschenkel, die Scheidenmuskeln, Hände, Gesicht, Schultern und Bauchdecke. Um dies zu vermeiden, ist es wichtig, bereits in der Schwangerschaft Entspannungsübungen zu machen.

Wenn nun die Wehen beginnen, stellen Sie sich am besten eine große Welle vor, die auf Sie zurollt. Warten Sie entspannt, bis sie Sie erfaßt, und lassen Sie sich dann mittragen, bis sie wieder abflacht. Eine Wehe kommt nicht plötzlich ganz stark, sondern baut sich langsam, wirklich wie eine Welle, auf, nimmt an Intensität zu, erreicht ihren Höhepunkt, der nur wenige Sekunden andauert, und nimmt dann kontinuierlich wieder ab.

Zu Beginn der Eröffnungsphase dauert eine Kontraktion circa 30 Sekunden. Dann sind bis zu 20 Minuten Pause bis zur nächsten Wehe. In den Pausen (die sich zum Ende der Eröffnungsphase immer weiter verkürzen und dann nur noch wenige Minuten andauern) zwischen den Kontraktionen haben Sie keinerlei Schmerzen, dies müssen Sie sich immer wieder klarmachen. Sie reiten auf einer Welle und haben anschließend eine Ruhephase, in der Sie völlig entspannt sein können.

Zum Ende der Eröffnungsphase haben die Wehen dann eine Dauer von ungefähr 90 Sekunden. 90 Sekunden sind ebenfalls schnell vorbei. Die höchste Intensität der Wehe auf dem Höhepunkt der Welle währt jetzt vielleicht 10 oder 15 Sekunden. Auch wenn die Kontraktionen jetzt sehr stark sind, können Sie in Sekunden abgezählt werden und sind dann vorbei. Versuchen Sie, alle Muskeln entspannt zu lassen. Besonders Ihr Mund sollte entspannt sein, die Lippen leicht geöffnet, die Zunge locker unter dem Gaumen, wie Sie es während der Schwangerschaft immer wieder geübt haben. Erinnern Sie sich während der Geburt immer daran: Wenn die Intensität der Kontraktion auf ihrem Höhepunkt ist, ist sie bereits im Ausklingen. Und – mit jeder Kontraktion öffnet sich der Muttermund ein Stück weiter, ein großes Stück Arbeit ist schon geleistet.

Werden Sie sich bewußt: Sie erleiden keine Schmerzen, sondern leisten eine schwere anstrengende Arbeit mit vielen Pausen dazwischen. Dieser Unterschied im Denken, in Ihrer Einstellung zur Geburt, wird Ihr Geburtserlebnis positiv beeinflussen. Sie werden die Kontraktionen nicht als bedrohlich und schlimmen Schmerz registrieren, sondern als Arbeit, die von Minute zu Minute den Weg ein Stück weiter öffnet, um das Köpfchen Ihres Kindes hindurchzulassen. Begleiten Sie die Kontraktionen mit einem gleichmäßigen Bauchatmen, das sich in Intensität und Geschwindigkeit automatisch der Intensität der Kontraktion anpaßt, solange Sie entspannt bleiben.

Während der gesamten Eröffnungsphase können Sie sich frei bewegen und die Position einnehmen, die Ihnen am angenehmsten ist. Die schlechteste Position ist die liegende, die leider in vielen Krankenhäusern üblich ist, da man so bequem Wehenschreiber und Herztonmeßgerät anschließen kann. Am besten ist es immer, mit der Schwerkraft zu arbeiten. Wenn die Mutter liegt, drückt der kindliche Kopf auf die Wirbelsäule und kann Rückenschmerzen verursachen. Nimmt sie eine aufrechte Position ein, drückt das Köpfchen auf den Muttermund und stimuliert so die Oxytocinproduktion, was den Geburtsprozeß beschleunigt.

Solange es nicht zu anstrengend wird, sind Umhergehen und Treppensteigen ganz sinnvoll. Auch die Hockstellung empfinden einige Frauen als hilfreich. Aus eigener Erfahrung empfehle ich einen Gymnastikball, über den man bequem den Oberkörper legen kann, während man auf dem Boden kniet. Mit kreisenden Beckenbewegungen während der Wehen, wie bei einer Bauchtänzerin, wird das Kind immer weiter nach unten geschoben. Außerdem ist dies eine gute Position für den anwesenden Partner, der bei Bedarf den Rücken massieren oder, was mir sehr geholfen hat, mit der flachen Hand Druck auf das Kreuzbein ausüben kann. Ebenfalls kann er, wenn Sie es als angenehm empfinden, heiße Kompressen mit Kaffee oder Muskatellersalbei auf die Scheide auflegen. Dies mildert das Ziehen in der Scheide und entspannt die Muskulatur.

Untersuchen Sie sich selbst, wenn Sie wissen wollen, wie weit der Muttermund schon geöffnet ist. Das kann sehr helfen, denn man spürt die Fortschritte am Muttermund nach jeder Wehe. Für viele Frauen ist es ein Tabu, sich selbst zu betasten. Aber warum sollen Sie nicht selbst Ihren intimsten Körperteil untersuchen dürfen? Hat denn ein Arzt oder eine Hebamme mehr Recht dazu?

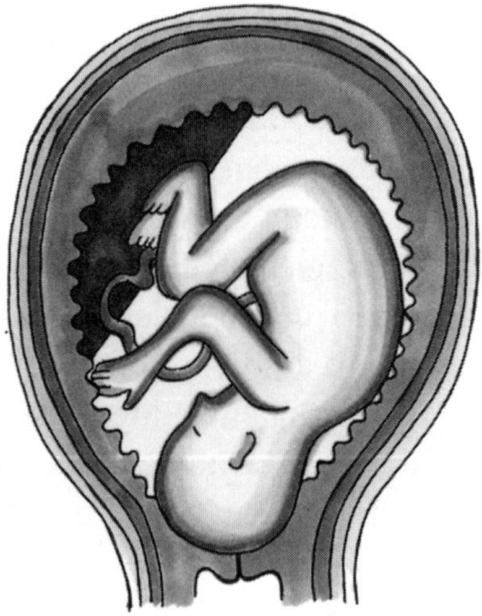

Die Übergangsphase

Diese Phase ist erreicht, wenn der Muttermund fast vollständig geöffnet ist. Sie kann zwischen 2 und 40 Minuten dauern. Jetzt kommen die Wehen in kurzen Abständen, manchmal bleiben nur kurze Verschnaufpausen. Es können auch zwei Wehen hintereinander kommen, so daß man das Gefühl hat, eine Wehe dauere drei Minuten. Jetzt kann schon mal das Gefühl aufkommen, daß man nun nicht mehr weitermachen will.

Ein Teil des kindlichen Kopfes ragt nun schon in die Scheide, und ein Preßdrang kann entstehen. Jetzt können Sie selbst das Köpfchen fühlen, wenn Sie sich untersuchen. Wenn die Fruchtblase noch intakt ist, fühlen Sie anstatt des Köpfchens eine Art wassergefülltes Polster, das sich nach unten wölbt. In den nächsten Wehen wird die Fruchtblase platzen. Sie wissen dann, daß das Kind bald da ist. So können Sie auch diese schwierigen Wehen besser überstehen.

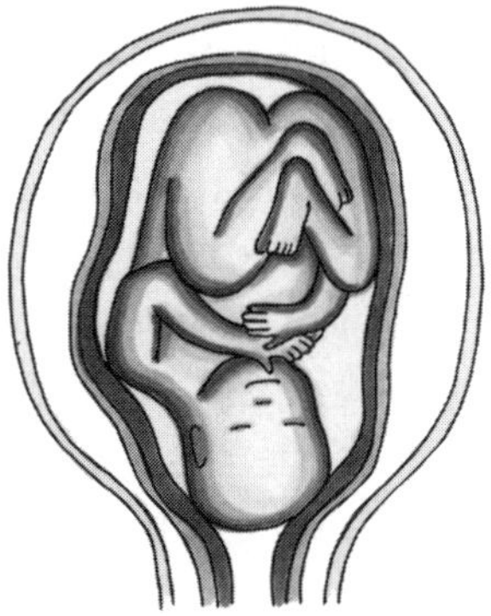

Bleiben Sie, wenn es Ihnen nicht zu unbequem wird, mit Ihren Fingern am Köpfchen des Kindes. Sie sind es, die das Kind bekommt, nicht die Hebamme, nicht der Arzt. Sie allein spüren, wie sich der Kopf seinen Weg bahnt, und danach können Sie

Ihre Atmung und Ihre Hüftbewegungen ausrichten, ganz instinktiv machen Sie nun alles richtig.

Die Austreibungsphase

Niemand braucht Ihnen zu sagen, wann Sie zu pressen haben. Sie spüren, wo das Köpfchen ist, Sie atmen Ihr Kind aus, indem Sie kraftvoll aus dem Mund ausatmen oder, wenn der Preßdrang sehr groß wird, einfach das Pressen zulassen, ohne die Lippen zusammenzupressen und die Luft anzuhalten. Lassen Sie den Mund entspannt. Das ist das A und O. Sie werden das Gefühl bekommen, einen riesigen Stein in Ihrer Scheide zu haben, ein Druck entsteht, und Sie denken vielleicht: Mein Gott, ich platze gleich. Aber versuchen Sie trotzdem, Ihre Muskulatur in den Wehenpausen entspannt zu halten, dann schmerzt der Druck des Köpfchens nicht, es ist einfach ein fremdes Gefühl. Bleiben Sie ganz ruhig. Der Kopf hat genügend Platz, auch wenn es sich anders anfühlt.

Wenn Sie jetzt in der Hocke sind und synchron mit Ihrem Körper arbeiten, wird sich der Kopf mit jeder Wehe ein Stückchen vor- und nach der Wehe wieder ein kleines Stück zurückschieben. So hat der Geburtskanal genügend Zeit, sich ausreichend zu dehnen. Manchmal sind auch jetzt warme Kompressen am

Damm entspannend und wohltuend. Wenn Sie nicht auf dem Rücken liegen, sondern in der Hocke sitzen, von Hebamme und Arzt nicht zum Pressen gedrängt werden, sondern das Kind ganz sanft nach draußen schieben, wird in der Regel weder ein Dammschnitt notwendig sein, noch reißt der Damm ein.

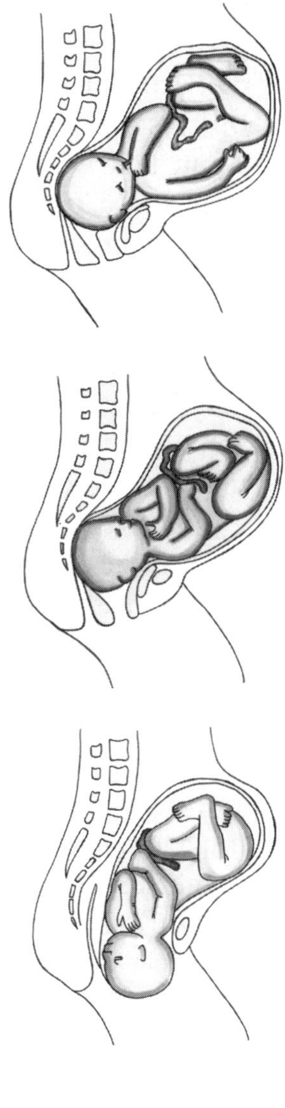

Wenn der Kopf schon fast durchgeschlüpft ist, gibt es noch einmal eine Wehenpause, die wichtig ist, damit sich das Gewebe des Damms noch ein weiteres Mal langsam dehnen kann. Das ist ein sehr unangenehmes Gefühl, da man wirklich glaubt zu zerreißen. Aber bitte bleiben Sie jetzt ganz ruhig und entspannt, lassen Sie die Dehnung zu, denn bei der nächsten Wehe ist dann das Köpfchen geboren. Danach gibt es noch einmal eine Pause, die manchmal unendlich lang erscheint, dann drückt die nächste Kontraktion den kleinen Körper hinaus.

Oft wird man im Krankenhaus zum Pressen angeleitet, bevor der eigene Preßdrang, der die Richtung nach unten weist, schon da ist. Dann kann es passieren, daß Äderchen in den Augen platzen, da der Druck statt nach unten, nach oben zum Kopf geht. Wann und wodurch Preßdrang ausgelöst wird, ist nicht von der Weite des Muttermunds abhängig. Es gibt Frauen, die vorzeitig Preßdrang haben, was mittlerweile von einigen Hebammen auch zugelassen und nicht mehr mit »Hecheln« zu überbrücken versucht wird. Andere Frauen brauchen zuerst eine Erholungsphase. Preßdrang ist somit unter anderem von den Kräften der Frau abhängig und sollte weder unterdrückt noch forciert werden.

Immer noch wird in einigen Krankenhäusern in Rückenlage entbunden. Dies ist zum einen nicht sehr effektiv, denn die Geburt dauert mit Sicherheit wesentlich länger, und es wird sogar bei vielen Frauen unbemerkt das Steißbein gebrochen, weil der Kopf des Kindes nicht nach unten, sondern nach hinten drückt. Aber für die Ärzte ist dies die bequemste Haltung. Das »Arbeitsfeld« ist übersichtlich, gut ausgeleuchtet und bequem zugänglich. Auch in geburtsfreundlichen Krankenhäusern, in denen Bälle, Seile und Badewannen zur Verfügung stehen, werden die Frauen zu den Preßwehen in den meisten Fällen auf die Liege gelegt. Denn welcher Arzt, welche Krankenhaushebamme möchte sich schon auf den Boden des Kreißsaals legen, um die Geburt mitverfolgen zu können?

Im Idealfall bleiben Mutter und Kind durch die Nabelschnur verbunden, bis diese aufhört zu pulsieren. Dann erst wird sie durchtrennt. Zu Hause können Mutter und Kind verbunden bleiben, bis die Plazenta geboren ist. Im Krankenhaus wird so lange oft nicht gewartet, und durch das plötzliche Abtrennen der Nabelschnur, die ja noch sauerstoffreiches Blut in den kindlichen Organismus pumpt, wird beim Kind ein Schock erzeugt, weil es das Gefühl hat, zu ersticken. Wenn Sie im Krankenhaus entbinden, sollten Sie schon vor der Geburt mit der Hebamme abklären, daß Sie das nicht wollen. Während und nach der Geburt sollte Ihr Partner die Aufgabe übernehmen, dafür zu sorgen, daß Ihre Wünsche auch respektiert werden. Sie selbst werden dazu keine Nerven haben.

Die Nachgeburt

Jetzt hat die Frau nach anstrengender Arbeit endlich ihr Kind auf dem Arm, ist glücklich, erschöpft, vielleicht etwas wackelig in den Knien, und dann ist die Arbeit immer noch nicht zu Ende. Eigentlich hat die Gebärende jetzt keine Lust mehr, aber nun beginnt der Rückbildungsprozeß der Gebärmutter. Sie wird sich innerhalb einer Stunde auf die Größe einer Grapefruit verkleinern. Im Laufe dieser Rückbildungskontraktionen löst sich die Plazenta von der Gebärmutterwand und wird abgestoßen. Die Ablösung dauert zwischen 15 Minuten und einer Stunde.

Im Krankenhaus wartet das Personal in der Regel nicht länger als eine Viertelstunde. Nach der Geburt wird gleich das Hormon Oxytocin gespritzt, um die Ablösung zu beschleunigen. Dies wäre gar nicht notwendig, denn durch das Anlegen des Neugeborenen an die mütterliche Brust produziert die Mutter selbst eine genügende Menge körpereigenes Oxytocin. Wenn die Hebamme dann ein Herauspressen der Plazenta wünscht, sollten Sie sich noch einmal bemühen, in die Hocke zu gehen, mit den eigenen Fäusten auf den Bauch drücken und die Plazenta, die sich jetzt auf dem weichen Bauch als hartes Etwas erfühlen läßt, nach unten schieben. Die Hebamme wird die Plazenta auf Vollständigkeit untersuchen. Anschließend können Sie sie bitten, ein Stück davon zu entnehmen und in ein vorbereitetes Röhrchen zu füllen, damit Sie sich daraus ein homöopathisches Medikament herstellen können.

DIE PLAZENTA

Plazenta oder Mutterkuchen nennt man das Organ am oberen Rand der Gebärmutter. Sie gleicht einem dicken Schwamm, in dessen Aussparungen das mütterliche Blut fließt. Bis zum Ende der Schwangerschaft wird dieses überaus leistungsfähige Organ zu einer Art Scheibe mit etwa 2 – 4 Zentimeter Stärke, einem Durchmesser von circa 20 Zentimetern und einem Gewicht von ungefähr einem halben Kilo. Sie versorgt während der Schwangerschaft das Kind über die Nabelschnur mit Nahrung und Sauerstoff. Die Plazenta gilt als Speicherorgan für die lebenswichtigen Vitamine und Spurenelemente, stellt Hormone und Immunstoffe zur Infektionsabwehr her, ohne die das körpereigene Immunsystem nicht funktionieren kann.

Als Nachgeburt wird die Plazenta von den wenigsten Frauen beachtet. Das Organ hat ausgedient. Die Krankenhäuser jedoch verkaufen die Plazenten an die Kosmetikindustrie, wo sie zu »Gesichtscreme für die reife Haut« verarbeitet werden. Die Verwendung der Plazenta zu medizinischen Zwecken läßt sich über mehrere Jahrhunderte hinweg zurückverfolgen. Schon seit langer Zeit finden sich in Schriften der Volksheilkunde Beschreibungen vom Einsatz der Plazenta. Naturvölker, darunter auch einige Indianerstämme Nordamerikas, verwenden die Plazenta ebenfalls zu Heilzwecken. Durch sorgsames Aufbereiten des Plazentagewebes bleibt der extrem hohe Gehalt an natürlichen Wirkstoffen und Spurenelementen wie Hormonen, Enzymen, Aminosäuren und Vitaminen weitgehend erhalten.

Plazenta-Nosode

Das Wort Nosode leitet sich von dem griechischen Begriff Nosos (Krankheit) ab und meint nach homöopathischen Richtlinien hergestellte Arzneien aus körpereigenen Substanzen. Durch die Einnahme werden die Selbstheilungskräfte des Körpers aktiviert. Diese Therapieform geht auf die Eigenblutbehandlung zurück, die bereits in der Antike bekannt war.

Direkt nach der Geburt bitten Sie Ihre Hebamme, der Plazenta ein daumennagelgroßes Stück in der Nähe des Nabelschnuransatzes auf der mütterlichen Seite zu entnehmen. Dieses wird dann in einem Laborröhrchen mit konservierender Lösung an das Labor geschickt. Fordern Sie eine Standardreihe der Nosode aus Gewebe an in Form von Globuli (Kügelchen), und bitten Sie zusätzlich um die Urtinktur. Damit lassen sich noch nach Jahren neue Nosoden herstellen.

Nabelschnur-Nosode

Mit der Entnahme eines Stücks Nabelschnur können Sie ebenso eine Nabelschnur-Nosode herstellen lassen.

Eihaut-Nosode

Die Fruchtblase oder Eihaut, die das Kind während der Schwangerschaft schützend umhüllte, kann ebenfalls zu einer Nosode aufbereitet werden. Entnehmen Sie ein daumennagelgroßes Stück Fruchtblase (an der Plazenta), und verfahren Sie wie bei den anderen Nosoden. Die Eihaut-Nosode ist gut für Kinder, die sehr sensibel sind und eine schützende Hülle brauchen. Eventuell kann dieses Mittel Indigokindern helfen.

Eigenherstellung einer Nosode aus Nabelschnur und Plazenta

Energetisch sehr hochwertig ist eine selbsthergestellte Nosode.

Bevor die Firmen auf maschinelle Schüttelmaschinen umgestiegen sind, wurden alle homöopathischen Mittel handverschüttelt. Nur noch wenige Firmen bieten diese hochwertigen und viel wirksameren Mittel an. Es gibt zwei Methoden, die ganz einfach zu Hause angewandt werden können.

1. METHODE
   Legen Sie das entnommene Stück Plazenta bzw. Nabelschnur in ein neues, 20 ml fassendes Schraubverschlußglasfläschchen mit Pipette (Apotheke) und geben Sie 10 ml hochprozentigen Weingeist (Apotheke) hinein. Verschließen Sie das Fläschchen, und stellen Sie es auf Ihren Altar.

Lassen Sie es dort drei Tage stehen, und schütteln Sie das Fläschchen täglich 108mal, indem Sie es auf einen dicken Buchrücken oder Ihren Handballen aufstoßen. Achten Sie dabei auf liebevolle Gedanken und Gefühle, da Ihre Emotionen mitverschüttelt werden!!! Dies ist Ihre Urtinktur. Beschriften Sie das Fläschchen.
Am vierten Tag stellen Sie die Potenzen her. Nehmen Sie ein neues 10-ml-Fläschchen, und füllen Sie es mit Weingeist. Dann entnehmen Sie aus Ihrem Ansatz, Ihrer Urtinktur, einen Tropfen und geben ihn in die neue Flasche. Schütteln Sie die Flasche wie bei der Urtinktur 108mal. Dies ist nun eine D-1-Potenz. Beschriften Sie die Flasche. Nehmen Sie eine neue 10-ml-Flasche mit Weingeist, geben Sie einen Tropfen der D1 hinein, verschütteln Sie 108mal. Jetzt haben Sie eine D2-Potenz. Diesen Prozeß können Sie fortführen bis zur Potenz D200. Das brauchen Sie natürlich nicht alles an einem Tag durchzuführen. Die Mittel sind unbegrenzt haltbar, das heißt, sie stehen Ihnen ein ganzes Leben lang zur Verfügung. Es gibt heute noch von Hahnemann persönlich verschüttelte Arzneien, die noch nach 150 Jahren hochwirksam sind! Aus Ihrer Urtinktur können Sie jederzeit neue Nosoden herstellen.

2. METHODE

Diese Methode ist viel zeitaufwendiger, erzeugt jedoch um ein Vielfaches wirksamere und wertvollere Nosoden als die erste. Dazu benötigen Sie einen guten Mörser aus Stein oder Porzellan und Milchzucker. Geben Sie auf einen Teil Plazentapulver (bzw. 1 Teil Plazenta-Urtinktur) 99 Teile Milchzucker. Verreiben Sie die Milchzuckermischung in einer meditativen Stimmung ohne äußere Ablenkung eine Stunde lang im Mörser auf folgende Weise: 6 Minuten mit dem Stößel verreiben, dann 4 Minuten das Pulver mit einem Holzlöffel vom Rand nach unten schieben. Das Ganze wird 6mal wiederholt (= 1 Stunde). Sie haben nun eine C1-Potenz. Füllen Sie das Pulver in ein braunes Schraubglas. Mit dem Restpulver, das noch im Mörser zurückbleibt, impfen Sie wieder 99 Teile Milchzucker und verreiben die Mischung in gleicher Weise eine weitere Stunde. Nun haben Sie eine C2-Potenz. Auf die gleiche Art stellen Sie C3 und C4 her. Die unterschiedlichen Potenzen wirken wie folgt:

- C1 wirkt auf körperlicher Ebene.
- C2 wirkt auf den Astralkörper.
- C3 wirkt auf den Mentalkörper.
- C4 wirkt auf den Kausalkörper.

Schon bei der Herstellung werden Sie vier unterschiedliche Energiequalitäten wahrnehmen können. Diese Herstellungsweise ist hoch spirituell, und eine auf diese Weise angefertigte C4- wirkt intensiver als eine konventionell hergestellte und maschinell verschüttelte C30-Potenz. Eine C4 kann dann nach der ersten Methode höher potenziert werden.

Placenta suis getrocknet

Die Plazenta wird, nachdem die Entnahme für die Nosode erfolgt ist, schonend getrocknet. Trocknen Sie ebenfalls die Nabelschnur. Dies kann im Backofen bei maximal 45°C über einen Zeitraum von ungefähr 36 Stunden geschehen. Bitte achten Sie dabei auf Sauberkeit (Sterilität). Die Plazenta sollte am Ende vollständig mumifiziert, also hart, sein. Brechen Sie ein Stück ab, und mahlen Sie es mit einem Gerät, das möglichst keine Wärme entstehen läßt, die die Plazenta-Inhaltsstoffe schädigen könnte. Den Rest bewahren Sie trocken und luftig gelagert auf, am besten wie einen Schinken in einem Stoffbeutel hängend (Vorsicht vor Fliegen und Motten, ein Gitterschränkchen, wie sie früher in der Vorratshaltung benutzt wurden, ist ideal). Das gemahlene Pulver verwahren Sie in einem Schraubverschlußglas im Kühlschrank.

ANWENDUNG:

- Zur Rekonvaleszenz nach der Geburt einmal wöchentlich eine Messerspitze voll über den Tag verteilt einnehmen. Sie können dazu das Pulver in Quark oder Müsli einrühren, oder wenn Sie sich davor ekeln, können Sie in der Apotheke leere Medikamentenhülsen besorgen, sie mit dem Pulver füllen und es so schlucken.

- Zur Steigerung der Milchproduktion täglich eine Messerspitze zur Mittagszeit einnehmen. Bei Überdosierung schweben Sie auf rosa Wolken, oder die Milch schießt zu stark ein, dann reduzieren Sie einfach die Dosis.
- Ab der 8. Woche nach der Geburt genügt die Dosis von einer Messerspitze Plazenta-Pulver einmal alle zwei Wochen.
- Ab der 16. Woche ist dann einmal im Monat ausreichend.

Das Plazenta-Pulver sollte nur von der Mutter eingenommen werden, es wirkt bei Kindern zu stark. Bei Kindern, und ergänzend zum Pulver auch bei der Mutter, werden die Nosoden angewandt. Die Niederpotenzen D3 bis D8 werden als Verdünnung der Plazenta angesehen und können einem frühgeborenen Kind nach der Geburt gegeben werden (täglich 3 Globuli bis zum errechneten Geburtstermin).

Frauen mit Gestose (Wasseransammlungen im Gewebe, hoher Blutdruck und Eiweiß im Urin, vorwiegend im letzten Drittel der Schwangerschaft) und Frauen, die eine Kaiserschnittgeburt hatten, können mit der Plazenta-Nosode und anderen homöopathischen Mitteln in jedem Fall voll stillen. Die Plazenta-Nosode wird täglich eingenommen.

Ab D12 gilt das Mittel als homöopathisches Heilmittel und wird nach dem »Simile«-Grundsatz eingesetzt, nachdem aufgrund des Ähnlichkeitsprinzips ein Krankheitszustand erfaßt und mit den in der Homöopathie bekannten Mitteln verglichen wird, um ein ähnliches Mittel, das Simile (lat. für ähnlich), zu finden und damit zu heilen. D20, D30 und D200 sind vor allem bei allgemeinmedizinischen Erkrankungen angezeigt, wie zum Beispiel bei Nierenerkrankungen, Gestosen oder Psoriasis (Schuppenflechte). Kinderkrankheiten heilen nach der Verabreichung innerhalb von Stunden, Blutungen im Klimakterium kommen zum Stillstand. Sprechen Sie mit einem erfahrenen Homöopathen über eine geeignete Dosierung und die richtige Potenzwahl.

Therapiemöglichkeiten mit der eigenen Nabelschnur- und Plazenta-Nosode

NABELSCHNUR (Funiculus umbilicalis)

Kinderheilkunde:

- Asthma
- Obstipation (Verstopfung)
- Systolikum (Herzgeräusch)
- Ductus Botalli (Herzfehler)
- Muskelschwäche
- Frühabnabelung

- Frühgeburtlichkeit
- Tokolytika in Gravidität (schwere Wehenhemmung)

Frauenheilkunde:
- Uterus prolaps (Gebärmuttervorfall)
- Gebärmuttersenkung

Allgemeinmedizinische Indikationen:
- Alle Bindegewebserkrankungen
- Bindegewebsschäden
- Osteochondrose (nichtentzündliche Entartung des Knochen- und Knorpelgewebes)
- Vorzeitiges Altern
- Arteriosklerose (Arterienverkalkung)
- Zervikalsyndrom (Halswirbelsäulensyndrom)
- Koxitis (Hüftgelenksentzündung)
- Divertikulitis (Fistelbildung)
- Chronische Kolitis (Darmentzündung)
- Lupus erythematodes (Hautkrankheit)
- Fibrome (gutartige Fasergeschwulst)
- Gefäßleiden
- Glaukom (Grüner Star)
- Strahlenschäden
- Ulcus duodeni et ventriculi (Zwölffingerdarm- und Magengeschwür)
- Psoriasis (Schuppenflechte)
- Sarkom (bösartige Krebsgeschwulst im Binde- und Stützgewebe)

- Karzinom (Krebsgeschwulst)
- Schäden durch Antibiotika
- Otosklerose (Erbkrankheit, die eine starke Beeinträchtigung der Hörfähigkeit mit sich bringt)
- Multiple Sklerose (entzündliche Erkrankung des Zentralnervensystems)
- Muskelatrophie (Muskelschwund)
- Neurodermitis
- Ödeme (Wasseransammlungen im Gewebe)
- Lymphogranulomatose (Hodkinsche Krankheit, bösartige Erkrankung mit Gewebewucherungen)
- Mopie (Augenschwäche)
- Akne rosacea (chronische Erkrankung der Gesichtshaut)
- Elephantiasis (unförmige Verdickungen von Haut und Bindegewebe einzelner Körperteile)
- Emphysem (krankhafte Aufblähung von Gewebe, z.B. in der Lunge)
- Leberleiden
- Morbus Bechterew (Wirbelsäulenerkrankung, die zu einer Versteifung der Wirbelsäule führt)

Plazenta

Kinderheilkunde:

- Kinderkrankheiten
- Bronchitis, Asthma
- Neurodermitis

- Psoriasis (Schuppenflechte)
- Koliken
- Frühabnabelung
- Frühgeburtlichkeit
- Ultraschall-Abusus in Gravidität (schwerer Schaden durch fehlerhafte Ultraschallbehandlung)
- Zustand nach Sectio (Bauchdeckenschnitt)

Frauenheilkunde:

- Wechseljahresbeschwerden
- Rückbildung der Gebärmutter
- Rückbildung von Myomen (gutartige Muskelgeschwulst in der Gebärmutter)
- Abstillen
- Milchbildung

Allgemeinmedizinische Indikationen:

- Periphere Durchblutungsstörungen
- Cutis marmorata (Kältemarmorierung der Haut)
- Dekubitus (Druckgeschwür)
- Perniones (Frostbeulen)
- Morbus Buerger (Gefäßentzündung mit Blutgerinsel)
- Ulcus cruris (Beingeschwür)
- Rhagaden (Schrunden)
- Ekzeme
- Faltenbildung der Haut
- Sklerodermie (Verhärtung des Bindegewebes)

- Dysbasia intermittens (heftiger Wadenschmerz)
- Wadenkrämpfe
- Muskelrheumatismus
- Virusinfekte
- Asthma
- Allergien
- Osteoporose (Verminderung der Knochenmasse, als Hauptursache gilt der Rückgang der Östrogenproduktion in den Wechseljahren)
- Gallenleiden
- Lungenentzündung
- Bronchitis (chronische Atemwegserkrankung)
- Neurodermitis
- Windpocken
- Masern
- Röteln
- Umweltgifte
- Anämie (Blutarmut)

In vielen Kulturen wird die Plazenta in der Erde vergraben und ein Baum darauf gepflanzt. Dieser Baum wird so zum persönlichen Lebensbaum. Falls Sie also Ihre Plazenta nicht trocknen wollen, können Sie sich, sofern Sie einen Garten haben, einen schönen Platz für die Plazenta aussuchen und einen Baum darauf pflanzen. In Deutschland wird traditionell ein Obst- oder Nußbaum dafür ausgewählt (Obst ist etymologisch [aus sprachwissenschaftlicher Sicht] mit Obstetrik – Geburtshilfe – verwandt).

Die Wassergeburt

Die sanfteste und natürlichste Geburt für Mutter und Kind läßt sich im warmen Wasser erleben. Das Eintauchen in das körperwarme Bad ermöglicht der Mutter eine tiefe Entspannung. Gleichzeitig sind das Gewebe und die Muskulatur des Geburtskanals in diesem Umfeld wesentlich elastischer als »an Land«. So kann das Kind in viel kürzerer Zeit auf die Welt kommen.

Der gesamte Geburtsablauf ist weniger anstrengend für das Baby, da es durch die Entspannung der Mutter weniger oder keinen Streß erlebt. Es kann ohne störende Eingriffe von außen in seinem eigenen Rhythmus den Weg durch den Geburtskanal in die Welt hinaus finden. In seinem vertrauten Element, dem Wasser, heißt das Leben es willkommen. Sein natürlicher Atemschutzreflex, den es ja hat, da es in den vergangenen zehn Monaten im Wasser gelebt hat, verhindert, daß Wasser in die Lungen eindringt. Erst wenn die Haut des Babys oder die Nabelschnur mit Luft in Berührung kommen, wird der Atemreflex ausgelöst.

Durch das langsame, sanfte Ankommen entwikkeln Wasserbabys auf natürliche Weise eine gesunde schockfreie Atmung, da sie nicht zum Schreien gezwungen werden, sei es durch einen Klaps auf den Po oder den Kälteschock auf der Haut. Ganz sanft entfalten sich die Lungen des Kindes, während es im Wasser

geschaukelt wird, nur das Gesicht schaut heraus. Die eingedrückten Schädelplatten und Gelenke entspannen sich und fügen sich wieder richtig zusammen. Noch im Wasser findet das Neugeborene die Brust der Mutter und kann zum ersten Mal gestillt werden.

Wer die friedlichen Gesichter von so auf die Welt gekommenen Kindern im Vergleich zu jenen konventionell geborener gesehen hat, kann sich eigentlich nur für eine Wassergeburt entscheiden. Die psychische Gesundheit dieser Kinder ist auch in den folgenden Jahren meist wesentlich stabiler und ausgeglichener. Die Frauen vieler Inselvölker haben vor der Missionierung durch die katholische Kirche im Meer, in Flüssen oder in speziell angefertigten Geburtsbecken entbunden. In Hawaii ist dies immer noch üblich und findet in einem Pool im Wald unter schattenspendenden Bäumen statt.

Nirgends sonst behält die Frau während der Geburt ihre Eigenständigkeit so wie in einem Wassergeburtsbecken. Sie hat einen individuellen Raum, in dem sie sich ganz in ihre Mitte versenken, sich ganz auf ihren Körper konzentrieren kann und immer mit dem Baby in Kontakt ist. Jeder Positionswechsel, jede Bewegung ist auch während starker Wehen im Wasser möglich, was die Lockerung des Beckens enorm fördert und Mutter und Kind die Geburt zusätzlich schneller, leichter und sanfter erleben läßt. Während der Wehenpausen kann die Frau sich vom Wasser sanft schaukeln und tragen lassen und neue Energie schöpfen.

Da das Gewebe im Wasser besonders weich und elastisch wird, wird auch der Damm geschont. Risse sind kaum zu erwarten. In der Austreibungsphase kann die Frau selbst steuern, wie langsam oder schnell der Kopf des Kindes geboren wird. Dadurch wird ein Dammschnitt unnötig.

In manchen Krankenhäusern wird in der Zwischenzeit die Geburt in einem Wasserbecken angeboten. Wenn Sie sich für eine Wassergeburt im Krankenhaus entscheiden, sollten Sie zuvor abklären, ob Sie während der gesamten Geburt im Wasser bleiben dürfen. In einigen Fällen wird die Frau zu den Preßwehen nämlich aus dem Wasser geholt.

Die schönste Erfahrung ist die Wassergeburt zu Hause. Sie können sich alles so gestalten, daß Sie sich vollkommen wohl und geborgen fühlen. Ältere Geschwister werden ganz natürlich in den Geburtsprozeß mit einbezogen und können sofort Kontakt mit ihrem neuen Geschwisterchen aufnehmen.

Für eine Wassergeburt zu Hause benötigen Sie ein Wasserbecken, das Wasser in einer Höhe von mindestens 60 Zentimetern fassen sollte. Die Badewanne ist zu klein und zu unbequem, um sich lange darin aufzuhalten. Ein großes aufblasbares Planschbecken mit hohem Rand (ca. 80 cm) ist sehr gut geeignet. Einige weiche Decken als Unterlage polstern den Boden gut ab. Eine elektrische Heizdecke unter dem Becken verhindert ein zu schnelles Auskühlen des Wassers. Eine andere Möglichkeit, die eine ideale Wasserhöhe zuläßt, so daß Sie sogar im Wasser stehen können, ist ein Winzerbecken oder eine Tiertränke (zu finden im Landwirtschaftsbedarf). Es gibt auch transportable Geburtsbecken, die zur Vermietung angeboten werden.

Krankenhaus- oder Hausgeburt?

PRO HAUSGEBURT

- Die Privatsphäre bleibt gewahrt.
- Sie können alles um sich herum nach Ihren Bedürfnissen gestalten (Musik, gedämpftes Licht, Kerzen, Düfte, Erfrischungen, Massageöle, Wasserbecken).
- Das Baby kommt in einer harmonischen Atmosphäre zur Welt.
- Geschwisterkinder können das Neugeborene gleich begrüßen.
- Zu Hause fühlen Sie sich stärker, Sie sind nicht der Krankenhausautorität ausgeliefert, Sie können selbst bestimmen, ob Sie sich hinlegen wollen oder nicht, ob Sie eine Spritze wollen oder nicht.
- Das Krankenhaus vermittelt der werdenden Mutter das Gefühl, krank zu sein, die Natürlichkeit des Geburtsprozesses kann nicht wahrgenommen werden.
- Sie vermeiden Komplikationen, die durch die Krankenhausroutine verursacht werden (Medikamente, Liegen etc.).
- Die Infektionsgefahr ist zu Hause wesentlich geringer als im Krankenhaus (Viren sind immun gegen Desinfektionsmittel).
- Die meisten Komplikationen, die bei einer Haus-

geburt auftreten, können bewältigt werden und machen sich in der Regel so rechtzeitig bemerkbar, daß Sie sicher ins Krankenhaus gelangen können.

Contra Hausgeburt

Es gibt zwei Komplikationen, bei denen zu Hause die entsprechende Hilfe zu spät kommen kann (die beide allerdings eher selten vorkommen):

- wenn das Baby während der Wehen zu wenig Sauerstoff erhält und erstickt, weil eine Blutbahn behindert ist und die Plazenta nicht richtig arbeitet (sofortiger Kaiserschnitt wäre nötig);
- wenn sich die Gebärmutter nach der Geburt nicht genügend zusammenzieht und die Mutter zuviel Blut verliert und verblutet (umgehende Bluttransfusion ist nötig).

Pro Krankenhausgeburt

- Bei Komplikationen sind alle Geräte vorhanden, mit denen der Arzt einen sofort notwendigen Eingriff durchführen kann.
- Bei Komplikationen, die sich bereits während der Schwangerschaft ankündigen, ist eine Krankenhausgeburt unvermeidlich. Eine Steißlage jedoch

kann eine erfahrene Hebamme durchaus zu Hause entbinden.

Setzen Sie sich schon sehr früh während der Schwangerschaft mit einer Hebamme in Verbindung, die Hausgeburten begleitet, selbst wenn Sie sich noch nicht im klaren darüber sind, ob Sie sich für eine Krankenhaus- oder eine Hausgeburt entscheiden. Alle Hausgeburtshebammen halten auch Geburtvorbereitungsseminare ab, unabhängig davon, ob Sie ins Krankenhaus gehen oder nicht. Auch die Vorsorgeuntersuchungen können Sie bei einer Hebamme durchführen lassen.

Der Kaiserschnitt

In Amerika, und auch immer mehr bei uns, ist es schick, ein Kind per Kaiserschnitt zur Welt zu bringen. Auf diese Weise kann sich die Mutter die ganze anstrengende Geburtsarbeit ersparen, und der vaginale Bereich bleibt unversehrt. Auch bei uns lassen sich prominente Persönlichkeiten lieber einen Kaiserschnitt verpassen, als sich auf Wehen einzulassen, und sie verbreiten dies öffentlich in den Medien, was die Neigung, diesem Beispiel zu folgen, unter »normalen« Frauen vergrößert.

In einigen Kliniken in den USA beträgt die Kaiserschnittrate 100%. Eine große Rolle spielen dabei sicherlich die in Amerika üblichen immens hohen Schadenersatzklagen, die kein Arzt riskieren möchte. Daher wird lieber ein Kaiserschnitt zuviel durchgeführt. Das Geburtshilfepersonal ist nur 45 Minuten beschäftigt, während bei einer natürlichen Geburt mit einigen Stunden bei wesentlich schlechterer Bezahlung gerechnet werden muß. Denn Ärzte verdienen am Kaiserschnitt, nicht an einer natürlichen Geburt. Auf den Malediven werden die Frauen per Gesetz gezwungen, im Krankenhaus zu entbinden, von denen dann 90% einen Kaiserschnitt bekommen, da die Frauen ein sehr schmales Becken haben. Angeblich wurde dieses Gesetz zum Schutz der Frau eingeführt. Bei Naturvölkern gebären die Frauen mit sehr schmalem Becken im Stehen. Die Kinder kommen dort alle problemlos auf natürliche Weise zur Welt.

Bei einem Kaiserschnitt verpassen Mutter und Kind den aktiven Geburtsprozeß. Dies kann besonders für das Kind später psychische Probleme zur Folge haben, da es sich nicht anstrengen muß, um auf die Welt zu kommen, sondern ganz bequem und schnell herausgeholt wird. Diese Ausgangssituation kann sich als roter Faden durch das weitere Leben ziehen, Schwierigkeiten werden möglichst umgangen, bzw. so geborene Menschen können mit Widrigkeiten nur schwer umgehen.

Natürlich gibt es auch berechtigte und zwingend notwendige Gründe für einen Kaiserschnitt, die allerdings recht selten sind. In Notsituationen, wie nachfolgend aufgelistet, sollten wir dankbar dafür sein, daß es die chirurgische Hilfe gibt:

- Das Kind ist zu groß für das mütterliche Becken.
- Abnorme Kindslage
- Tiefliegende oder vorliegende Plazenta; die Plazenta würde sich von der Gebärmutterwand lösen, wenn sich der Muttermund öffnet, dies führt zu einer akuten Verblutungsgefahr für Mutter und Kind.
- Der Muttermund ist vernarbt, so daß er sich nicht öffnen kann.
- Ungenügende Kontraktionen der Gebärmutter
- Plazentainsuffizienz: Die Plazenta arbeitet nicht mehr, das Kind wird nicht mehr versorgt.
- Unregelmäßige Herztöne beim Kind

Eltern sollten sich gemeinsam überlegen, ob der Vater im Operationssaal dabeisein soll. Der Frau werden durch die Anwesenheit des Partners Ängste genommen. Sie fühlt sich nicht so allein gelassen. Auch dem Mann kann dieses Erlebnis dabei helfen, Ängste und negative Gefühle abzubauen.

Bei einem Kaiserschnitt wird in der Regel eine Periduralanästhesie (PDA) durchgeführt. Das anästhesierende (betäubende) Medikament wird zwischen zwei Lendenwirbel gespritzt, so daß die sensiblen Nervenbahnen vor Eintritt ins Rückenmark blockiert werden. Der gesamte Unterleib wird dadurch gefühllos. Bei der

PDA muß die Frau mit vornübergebeugtem Oberkörper (Katzenbuckel) sitzen. Ihr Partner kann sich vor sie setzen, ihre Hand halten und sie streicheln.

Dann wird ein ungefähr zehn Zentimeter langer Schnitt oberhalb des Schambeins durchgeführt. Die Mutter kann zwar nichts sehen, da ein grüner Vorhang unterhalb der Brust die Sicht versperrt, aber sie bekommt alles mit und kann ihr Kind, während sie genäht wird, in Empfang nehmen. Der Mann sollte ganz nah bei seiner Frau sein, sie berühren und trösten. Vom Operationsfeld bekommt auch er nichts zu sehen, da alles mit Tüchern verdeckt ist. Er sollte aber wirklich mit seiner ganzen Aufmerksamkeit bei seiner Frau sein und sich nicht für die Arbeit der Ärzte interessieren, sonst kann es doch leicht passieren, daß ihm übel wird.

Nach dem Kaiserschnitt ist dann der Vater sofort für sein Kind da und kann sich um es kümmern. Diese gemeinsamen ersten Momente können ein bedeutendes schönes Erlebnis sein. Die bekannten Stimmen von Mutter und Vater sind jetzt ganz wichtig für das Kind, denn die fremden OP-Geräusche irritieren und ängstigen. Sprechen Sie also gleich ganz sanft mit Ihrem Baby, und streicheln Sie es. Der Vater kann das Baby auch in seine Arme nehmen und auf seinen nackten Oberkörper legen. Der direkte Hautkontakt ist ganz wichtig. Die Hebamme wird dies sicherlich unterstützen. Es ist die Zeit des Kennenlernens, Streichelns und Massierens.

Falls eine Vollnarkose notwendig ist (das kommt

bei Notkaiserschnitten vor, da es dann ganz schnell gehen muß), sollte der Vater später seiner Partnerin genau erzählen, wie die Geburt verlaufen ist, um die Lücke des Narkoseschlafs zu füllen.

Nach dem Eingriff werden einige Tage Schmerzmittel notwendig sein. Achten Sie darauf, daß diese so dosiert sind, daß Sie trotzdem stillen können, was auch die Rückbildung und damit die Heilung der Gebärmutter fördert. Eine gute Unterstützung durch das Pflegepersonal ist da besonders wichtig. Muten Sie sich nicht zuviel Besuch zu. Viel Ruhe ist notwendig, damit Sie sich erholen und die Mutter-Kind-Beziehung vertiefen können. Wenn Sie aufstehen, sich bewegen, zur Toilette gehen, versuchen Sie, sich mit einer gleichmäßigen, bewußten Atmung und Entspannung Erleichterung zu verschaffen. Blähungen im Bauch können mit Fencheltee oder Milchbildungstee gemildert werden. Ideal wäre es, wenn Sie und Ihr Kind nach dem Kaiserschnitt homöopathisch versorgt würden.

Zu Hause angekommen, sollten Sie den Besuch bitten, anstatt Strampler lieber den Kuchen zum Kaffee mitzubringen oder Gutscheine für Hilfe im Haushalt. Schonzeit ist nun angesagt. Wird sie nicht eingehalten, rebelliert Ihr Körper, das zeigt sich meist durch Stillprobleme oder Brustentzündung. Sie können jetzt Hebammennachsorge in Anspruch nehmen. Dies läßt sich mit der Krankenkasse abrechnen.

In den nächsten Tagen und Wochen können Sie Ihr

Kind unterstützen, indem Sie es ganz eng von oben nach unten durchmassieren, wie wenn es durch den Geburtskanal geschoben würde. Sprechen oder singen Sie dabei das Tara-Mantra (siehe Kapitel »3. Monat«) und das Lied, das Sie für Ihr Kind ausgewählt haben (siehe Kapitel »2. Monat«). Dadurch unterstützen Sie die Sensibilität des Babys. Durch eine Überstreckung der Halswirbel beim Herausholen aus dem Bauch könnte Ihr Kind sehr unruhig sein, lassen Sie es in diesem Fall von einem Osteopathen ansehen und gegebenenfalls therapeutisch betreuen.

Versorgen der Narbe

Ihre Operationsnarbe können Sie mit Ihrem Schwangerschaftsmassageöl einreiben. Geben Sie noch 5 Tropfen von der Bachblüte Walnut hinein. Dadurch wird die Narbe energetisch entstört und Blockaden im Energiefeld verhindert. Akupunktur und Neuraltherapie helfen ebenfalls bei Narbenentstörung.

Viele Frauen fallen nach einem Kaiserschnitt in ein tiefes »psychisches Loch«. Gerade wenn sie sich auf eine natürliche Geburt vorbereitet haben, sind die Enttäuschung und das Gefühl, versagt zu haben, groß. Stellen Sie sich Ihren Gefühlen, trauern Sie, schreiben Sie Ihren Kummer auf, und verbrennen Sie anschließend das Papier. Stellen Sie sich vor, daß mit dem Verbrennen auch Ihr Schmerz und Ihr Kummer aufgelöst werden. Bitten Sie auch den Engel Ivar, der Ihnen schon während der Schwangerschaft bei der Bewältigung Ihrer Ängste behilflich war (siehe Kapitel »8. Monat«), Sie zu unterstützen. Entzünden Sie Ivars Kerze auf Ihrem Altar.

Falls Sie allein nicht zurechtkommen, scheuen Sie sich nicht, die Hilfe einer Hebamme oder eines Therapeuten in Anspruch zu nehmen.

Die Fehlgeburt

Du hast gelebt,
du hast dich in mir bewegt,
du hast in mir geatmet,
ich habe dich ernährt.
Ich habe mit dir geredet,
dich in meinen Träumen gesehen.
Für die anderen bist du tot,
hast nie gelebt, bist nie dagewesen.
Doch für mich warst du lebendig,
ein Mensch, der in mir wuchs.

Der Verlust ihres Babys ist für jede Frau ein schwerer Schicksalsschlag. Auch mir ging es so, als ich mein drittes Kind verlor. Einige Frauen empfinden es als persönliches Versagen, wenn sie eine Fehlgeburt erleiden. Sie haben ein Kind verloren, das noch gar nicht greifbar war, das sie noch nicht gesehen haben. Dadurch wird der Verlust oft zu etwas Abstraktem, nicht Greifbarem. Wenn die Frau dann auch noch gesagt bekommt: »Das ist doch nicht so schlimm, du kannst ein neues Kind bekommen!«, wird das verlorene Baby zu etwas Wertlosem, Austauschbarem. Es findet keine richtige Trauerarbeit statt, und das Trauma kann sich ins Unterbewußtsein verlagern, wo es seine destruktiven, krank machenden Kräfte ungestört entfaltet.

Oftmals hat eine Seele die Aufgabe, nur kurz in

die Familie zu kommen und dort einen Impuls zu setzen. Dann geht sie wieder. Eine Fehlgeburt verändert etwas im Leben der Familie. Vielleicht lernen nun die Partner, bewußter miteinander umzugehen. Vielleicht gehört es jetzt gerade zur Lebensaufgabe, das Loslassen zu lernen. Was immer es auch ist, hinter einem traumatischen Erlebnis steht ein tieferer Sinn, den man oft erst Jahre später zu erkennen vermag.

Es gibt Seelen, die sich unbedingt in eine bestimmte Familie inkarnieren möchten, weil sie nur dort ihre Lebensaufgabe erfüllen können, weil sie vielleicht nur dort in der Lage sind, Karma aufzulösen oder etwas Wichtiges lernen. Diese Seelen drängen mit ihrem ganzen Eifer, mit aller Kraft, die ihnen zur Verfügung steht, in die materielle Ebene hinein, um endlich geboren zu werden. Dann inkarnieren sie sich manchmal zu früh, die Umstände sind einfach noch ungünstig. Diese Seelen müssen wieder gehen und kommen zu einem besseren Zeitpunkt wieder.

Häufig wird der Tod des Kindes durch eine Ultraschalluntersuchung des Arztes festgestellt, der daraufhin die Frau umgehend zur Ausschabung ins Krankenhaus einweist. Diese schnelle Intervention ist jedoch in der Regel gar nicht notwendig und zudem für die Frau sehr belastend. Zum einen wird ihr Körper durch die Narkose geschwächt und die Gebärmutterschleimhaut durch das Ausschaben in Mitleidenschaft gezogen, zum anderen kann sich die Frau überhaupt nicht mit ihrer Trauer auseinandersetzen.

Eine Frau, der ein Arzt den Tod ihres Kindes mitteilte, ging nach Hause und trauerte 14 Tage lang. Als sie sich innerlich von ihrem Kind trennen konnte, setzten Wehen ein, und das Kind wurde abgestoßen. Die Hebamme kontrollierte, ob der Fötus vollständig abgegangen war, und mit einer Ultraschalluntersuchung beim Arzt wurde ausgeschlossen, daß sich noch Reste in der Gebärmutter befanden. Eine Ausschabung war somit überflüssig.

Eine andere Frau gebar nach zehn Monaten Schwangerschaft zu Hause ein totes Kind. Die Familie wußte, daß das Kind im Mutterleib gestorben war. Der Vater zog dem Kleinen die vorbereiteten Kleider an und legte es in die Arme der Geschwisterkinder, die es nun begrüßen konnten. Dann betteten Vater und Mutter das Kind in einem Körbchen, zündeten Kerzen an und verabschiedeten sich gemeinsam mit den Kindern von der kleinen Seele. Am nächsten Tag brachte der Vater das Verstorbene selbst in die Leichenhalle.

Ich empfehle Ihnen, sich an eine freiberuflich arbeitende Hebamme zu wenden, die Sie unterstützt und berät. Der natürliche Tod eines Kindes nach der 20. Schwangerschaftswoche muß von einem Arzt bestätigt werden (Totenschein). Wie lange Sie dann Ihr Kind zu Hause behalten können, klären Sie bei der Gemeinde ab. Wenn Sie eine Fehlgeburt im Krankenhaus hatten, wird der verstorbene Fötus in der Regel an ein Labor zur Stammzellenforschung verkauft. Darauf brauchen Sie sich aber nicht einzulassen. Bestehen Sie darauf, daß Ihnen Ihr Kind übergeben wird. Manche Krankenhäuser bieten an, das Kind auf einem Frühgeborenenfriedhof beerdigen zu lassen. Erkundigen Sie sich genau, und lassen Sie sich nicht entmündigen.

Ein Ritual kann dabei helfen, Trauerarbeit zu leisten, loszulassen und dadurch zu genesen.

TRAUERRITUAL

Ganz wichtig ist es, dem Kind einen Namen zu geben, um es aus der Anonymität zu holen.

- Setzen Sie sich mit allen, die an diesem Ritual teilnehmen wollen (Partner, Eltern, Freundinnen) vor den Altar.
- Legen Sie fest, wer das Ritual führt und spricht. Das können Sie selbst sein oder jemand aus Ihrem Kreis.
- Zünden Sie die Altarkerze an.
- Der-/Diejenige, die Sie zum Sprecher bestimmt haben, spricht nun: »Ich rufe die göttliche Vorsehung und die Engel des Lichts, uns hier und jetzt zu begleiten (kurze Pause).
- Ich rufe (bei jeder der folgenden Namensanrufungen kurz innehalten und in die Energie und Kraft des Engels hineinfühlen):

Uriel
Gabriel
Raphael

Haniel
Michael
Kamael
Tsadkiel
Tzaphkiel
Raziel
Metatron

- Ich rufe euch und spreche zu euch:
  Ich habe unsagbaren Schmerz erlitten. Mein Baby (Name des Kindes) wurde mir genommen. Die Seele, die ich erwartete, ließ mich in einem Sog aus Trauer, Schmerz und Wut zurück – ohne ein Lebewohl. Mein Heim ist zerstört, mein Geist ist in großer Aufruhr.« (Falls jemand stellvertretend für Sie spricht, bitte Ihren Namen anstelle von »ich« einfügen: »xyz hat ...«, und den ganzen Text entsprechend anpassen.)
- Lassen Sie Ihre Trauer zu, weinen Sie, schreien Sie Ihren Schmerz heraus!
- Jeder Teilnehmer des Rituals kann jetzt ein Geschenk für das verstorbene Kind in einen Tontopf legen, der auf dem Altar steht und später beerdigt wird. Dies kann Babywäsche sein, ein Schmuckstück oder etwas zu essen. Auch das vergossene Blut der Fehlgeburt, das zuvor gesammelt wurde, kann in den Topf gegeben werden. Wenn das Kind vor der 20. Woche abgeht, kann auch der winzige Körper selbst mitbeerdigt werden. Jeder

Teilnehmer spricht dann zu dem Baby ein paar Worte, zum Beispiel: »Ich gebe dir dieses Geschenk, beim nächsten Mal, wenn du kommst, möchte ich, daß du bleibst, damit unsere Seelen gemeinsam wachsen können.« Oder: »Wir verabschieden uns in großer Trauer von dir und laden dich ein, zum rechten Zeitpunkt wiederzukommen und dann auch zu bleiben.«

- Wenn alle Geschenke im Topf sind, wird er in ein Baumwoll- oder Leintuch gewickelt und begraben. Stellen Sie ein Grablicht, frische Blumen und einen Stein mit dem Namen des Kindes auf das Grab. Wenn Sie keinen eigenen Garten haben, suchen Sie sich eine schöne Stelle im Wald, vielleicht unter einem Baum.
- Beenden Sie das Ritual, indem Sie den spirituellen Kräften für ihre Unterstützung und Mitwirkung danken.

Viele Frauen fühlen sich nach einer Fehlgeburt auch körperlich schwach und ausgebrannt. Gute Mittel, wieder zu Kräften zu kommen, sind ein hochwertiger Imkerhonig und Gelee royal, der Futtersaft der Bienenköniginnen.

Um sich energetisch wieder zu regenerieren, können Sie folgendes Mantra mehrmals täglich mehrfach hintereinander sprechen:

OM AH HUM VAJRA GURU PADME SIDDHI HUM

Dies ist das Vajra-Guru-Mantra von Padmasambhava. Es steht für den transformierenden (verwandelnden) Segen sämtlicher Buddhas. Das Energiefeld wird mit stetigem Rezitieren des Mantras immer stabiler und kräftiger. Die Seele findet wieder zu ihrem inneren Frieden.

Nach der Geburt

Im Körper der Frau findet in den Tagen nach der Geburt eine gewaltige Umstellung statt. Die Gebärmutter bildet sich zurück, und einige Tage, manchmal gar bis zu vier Wochen lang, blutet die Gebärmutter. Besonders beim Stillen, durch die Anregung der Oxytocinbildung, kontrahiert die Gebärmutter und drückt das Blut heraus. Beim ersten Kind wird man die Kontraktionen nur schwach spüren. Bei jedem weiteren Kind werden die Nachwehen stärker sein, da sich die Gebärmutter nicht mehr so schnell zurückbildet. Sollten die Nachwehen besonders stark sein, versuchen Sie, wie während der Geburt tief und gleichmäßig in den Bauch zu atmen und sich nicht zu verkrampfen. Stellen Sie sich vor, daß sich mit jeder Wehe die Gebärmutter ein Stück zusammenzieht und so ihre normale Größe wieder zurückerhält. Bitten Sie Ihren Partner, mit beruhigenden langsamen Bewegungen Ihre Fußsohlen zu massieren. Legen Sie sich ein warmes Kirschsäckchen auf den Bauch, um die Spannung im Unterleib zu mildern.

Blase und Darm haben jetzt plötzlich wieder viel Platz, und Sie verspüren wahrscheinlich keinen Drang zum Wasserlassen. Außerdem brennt das sehr unangenehm, selbst wenn Sie keine Dammnaht haben. Eine wunderbare Methode, das Brennen fast vollständig zu umgehen, ist folgende: Stellen Sie sich zum Wasserlassen unter die warme Dusche – eine warme Dusche ist auch mehrmals am Tag eine ganz angenehme Sache.

Stuhlgang sollten Sie nach drei Tagen wieder haben. Da der Darm jetzt wieder viel Platz hat, kann es leicht zu Verstopfung kommen, was auf der Toilette sehr unangenehm wird. Falls nach vier bis fünf Tagen noch kein Stuhlgang kommt, können Sie sich selbst einen Einlauf mit warmem Wasser ohne Zusätze machen. Dies würde ich jedem chemischen Abführmittel oder Klistier vorziehen. Einen Irrigator (Eimerchen mit Schlauch) bekommen Sie in der Apotheke.

Lassen Sie sich jetzt möglichst verwöhnen, Sie haben es verdient.

Ihr Körper sollte sich in aller Ruhe erholen können. Wenn Sie jetzt leichtsinnig werden und Ihren Körper überfordern, kann dies verheerende Folgen haben.

Jedes Organ muß sich jetzt auf »nichtschwanger« umstellen. Gewebe und Muskulatur müssen sich erholen, die Gebärmutter muß sich auf die normale Größe zurückbilden, Nährstoffe müssen der Muttermilch zugeführt werden, der Hormonhaushalt verändert sich. Wenn Sie sich jetzt nicht genügend schonen, kann sich dies physisch und psychisch negativ auswirken. Ihr Körper war 10 x 28 Tage schwanger, und genauso lange braucht er, um vollständig zu regenerieren.

Bei einer ambulanten oder Hausgeburt bezahlt die

Krankenkasse auf Antrag einige Tage lang eine Haushaltshilfe. Dies ist eine speziell ausgebildete Frau, die Ihnen den ganzen Haushalt »schmeißt«. In der Regel kocht und backt sie köstlich und kümmert sich um etwaige ältere Geschwister. Nutzen Sie dieses Angebot. Erkundigen Sie sich rechtzeitig bei Ihrer Krankenkasse und Ihrer Gemeinde. Falls Ihre Krankenkasse die Kosten nicht übernehmen will, argumentieren Sie, daß ein stationärer Aufenthalt wesentlich mehr kosten würde.

Tips zur Rückbildung

- *Massieren Sie jeden Tag Ihren Bauch mit Massageöl zur Rückbildung (Rezept siehe unten).*
- *Bitten Sie Ihren Partner um eine entspannende Massage.*
- *Trinken Sie täglich Himbeerblättertee mit Frauenmantel.*
- *Bitten Sie den großen Heilerengel Habuiah um Unterstützung, indem Sie eine blaue (Blau für Heilung) Kerze auf dem Altar entzünden, auf die Sie den Namen des Engels eingeritzt oder geschrieben haben.*

Massageöl zur Rückbildung

- *100 ml Jojobaöl*
- *200 ml Mandelöl*
- *1 ml echtes Rosenöl*
- *1 ml Geraniumöl*

- *Mischen Sie die Zutaten, und setzen Sie sich vor Ihren Altar.*
- *Entzünden Sie die Altarkerze, und nehmen Sie die Flasche mit dem Öl in die linke Hand.*
- *Rufen Sie dreimal den Engelnamen Habuiah.*
- *Sprechen Sie 21mal den Psalm 106, Vers 1, um Habuiahs Hilfe zu aktivieren und seine Energie in das Rückbildungsöl zu übertragen: »Danket dem Herrn, er ist gütig, seine Huld währet ewiglich.« Schütteln Sie bei jedem Aufsagen einmal kräftig die Flasche, und stellen Sie sich dabei vor, daß Sie die Energie des Engels in das Öl hineinschütteln.*

Linderung der Nachgeburtswehen

Trinken Sie Tee aus den Blättern des Tausendgüldenkrauts. Seine allgemein sedierende (das Nervensystem beruhigende) Wirkung hilft bei allen Arten von Gebärmutterschmerzen, einschließlich der Nachgeburtswehen und Krämpfe.

Das Stillen

Die Zeiten, in denen Stillen altmodisch war, sind Gott sei Dank vorbei. Trotz Skandalberichten über Schadstoffe in der Muttermilch ist es doch erwiesen, daß das Stillen elementar wichtig für das Kind ist. Selbst die Säuglingsnahrungsindustrie gibt zu, daß Muttermilch nicht zu ersetzen ist. So enthält sie spezielle Stoffe, die das Kind vor Krankheiten schützen. Außerdem ist sie stets richtig temperiert und immer »griffbereit«. Darüber hinaus wird das Kind nicht mit körperfremden Eiweißen konfrontiert, was bei Familien mit Allergiebelastung eine wichtige Rolle spielt. Nicht zuletzt brauchen Sie keine Fläschchen zu reinigen, nachts nicht aufzustehen, um Fläschchen zuzubereiten, denn Sie haben immer und überall alles bei sich, was Ihr Kind braucht.

Wie durch eine unsichtbare Nabelschnur wird durch das Stillen eine ganz intensive Verbindung zwischen Mutter und Kind aufrechterhalten. Ihr Baby riecht Ihre Haut, fühlt Ihre Körperwärme, hört die bekannten Körpergeräusche und ist ganz innig mit Ihnen vereint. Eine stillende Mutter strahlt inneren Frieden aus.

Gleich nach der Geburt, noch bevor die Plazenta geboren wird, trinkt Ihr Baby zum ersten Mal an Ihrer Brust. Haben Sie keine Sorge, etwas falsch zu machen. Jede Frau kann stillen. Stillen ist nicht kompliziert, und Ihre Hebamme wird Ihnen behilflich sein, wenn Sie sich unsicher fühlen.

Die ersten drei Tage nach der Geburt fließt die sogenannte Vormilch, das Kolostrum. Es ist eine gelbe, cremige, sehr süße Flüssigkeit. Kolostrum ist sehr wertvoll für das Kind. Es enthält eine sehr hohe Konzentration an Fettsäuren, Wachstumshormonen, Vitaminen, Antikörpern und immunaktiven Zellen, die den empfindlichen Darm und die Atemwege des Kindes vor Viren und Mikroben schützt. So geballt mit Nährstoffen befrachtet wie im Kolostrum der ersten Stunden ist die Muttermilch nie mehr danach. Einem Frühgeborenen kann sie das Leben retten.

Bis vor wenigen Jahren noch schenkten die Ärzte der kostbaren Vormilch so gut wie keine Beachtung. Oft wurde sie gar abgepumpt und weggeschüttet, und das Kind bekam statt dessen Tee oder Zuckerwasser. Kulturen, in denen dem Säugling das Kolostrum verweigert wurde/wird, sind in der Regel übrigens kriegerische Völker.

Durch den Beginn des Stillens gleich nach der Geburt und den Körperkontakt zwischen Mutter und Kind während des gemeinsamen Schlafs kommt es viel seltener zu Neugeborenengelbsucht, und wenn doch, ist der Krankheitsverlauf viel leichter, besonders wenn das Kind zu Hause in einer friedlichen Privatatmosphäre geboren wurde.

Nach drei Tagen »schießt« dann die Milch ein. Die Brüste werden schwer und prall. Ein gut sitzender

Still-BH mit Einlagen aus Seide (Naturkostladen) verschafft Erleichterung. Die Trinkmenge des Kindes wird nun die Milchproduktion in den nächsten Tagen einpendeln. Falls die Brüste zu prall und schmerzhaft werden sollten, kann eine Dusche mit warmem Wasser angenehm sein. Durch die Entspannung beginnt die Milch auszufließen, und der Druck läßt nach. Fühlt sich die Brust heiß an, besteht die Gefahr einer Brustentzündung. Sprechen Sie dann auf alle Fälle mit Ihrer Hebamme. Wickel mit Quark nehmen die Hitze und die Entzündung. Frische Kohlblätter, die mit dem Wellholz weich gewalzt und in den BH gelegt werden, ziehen die Entzündung ebenfalls heraus. Auch ein richtig gewähltes homöopathisches Mittel kann hier wertvolle Dienste tun. Ihre Hebamme oder ein Arzt (Heilpraktiker) für klassische Homöopathie sind jetzt die besten Ansprechpartner.

Stilltips

- *Setzen oder legen Sie sich zum Stillen bequem und entspannt hin.*
- *Stimmen Sie sich ganz auf Ihr Kind ein. Lassen Sie Ihre Gedanken nicht abschweifen. Bleiben Sie im Hier und Jetzt, und genießen Sie diesen Augenblick inniger Vertrautheit. Nie mehr werden Sie Ihrem Kind so nah sein wie in dieser schönen Stillzeit.*
- *Streicheln Sie den Körper Ihres Kindes.*
- *Ab und zu sollten Sie beim Stillen gemeinsam nackt im Bett liegen und den Hautkontakt genießen. Legen Sie ein Handtuch unter das Baby, es wird beim Stillen sicherlich Wasser lassen.*
- *Lassen Sie sich nicht vom Telefon oder anderen Dingen stören. Genießen Sie das Stillen als Meditation und Kommunikation mit Ihrem Kind auf einer höheren spirituellen Ebene.*
- *Sie können Ihrem Kind während des Stillens sein Lied vorsingen (siehe Kapitel »2. Monat«), oder Sie sprechen das Tara-Mantra (siehe Kapitel »3. Monat«).*
- *Visualisieren Sie, wie über die Muttermilch nicht nur Nahrung zum Kind fließt, sondern auch Ihre ganze Liebe.*
- *Nach jedem Stillen können Sie einen Tropfen Milch herausdrücken und auf der Brustwarze trocknen lassen. Damit vermeiden Sie wunde Brustwarzen. Verwenden Sie keine Seife oder gar Desinfektionsmittel*

auf der Brust. Ihr Kind möchte Ihren Hautgeruch wahrnehmen. Daran erkennt es seine Mutter, und es fühlt sich dadurch sicher und geborgen.

Ein Kind kann sehr lange ausschließlich von Muttermilch leben. Es braucht weder Tee noch Zufütterung von Säuglingsnahrung. Oft beginnt ein Kind mit sieben, acht Monaten neugierig zu werden und möchte die Dinge ausprobieren, die Mama und Papa essen. So kann Ihr Kind langsam an feste Nahrung herangeführt werden. Aber selbst bis zu einem Alter von einem Jahr braucht nicht zugefüttert werden!

Die Milchproduktion und die Zusammensetzung paßt sich immer den Bedürfnissen des Kindes an. Mit Ende des ersten Jahres werden Sie wahrscheinlich noch drei- bis viermal am Tag stillen, und diese Zeit sollte Ihnen weiterhin heilig sein. Die wertvollen Augenblicke der Nähe sind die kostbarsten zwischen Ihnen beiden.

Sie können Ihr Kind mindestens zwei Jahre lang stillen. Lassen Sie sich nicht einreden, Ihr Kind würde durch das Stillen zu stark an Sie gebunden – das Gegenteil ist eher der Fall: Durch die absolute Sicherheit, die Ihr Kind auf diese Weise erfährt, ist es früher frei, seine eigenen Wege zu gehen. Pygmäen-Babys beispielsweise werden mehr als fünf Jahre gestillt. Die Verbindung von Mutter und Kind hat in diesem Fall eine sehr starke Auswirkung auf die spätere Einstellung zu »Mutter Erde«. Die Pygmäen haben größten

Respekt vor dem Leben und der Umwelt. So haben wir als Mütter eine große Verantwortung unseren Kindern gegenüber, aber dadurch auch die Macht, die Zukunft der Erde positiv zu prägen.

Was kann ich tun, wenn ich zuwenig Milch habe?

- Dem Kind nichts zufüttern, sonst trinkt es nicht genügend an der Brust – es wird noch weniger Milch produziert.
- Durch häufiges Anlegen wird die Milchproduktion gesteigert.
- Streß vermeiden, denn Streß bremst die Milchproduktion oder führt zu einer Brustentzündung.
- Viel Wasser und Tee trinken, am besten drei Liter und mehr am Tag. Milchbildungstee können Sie aus folgenden Komponenten zusammenstellen:

  ✿ *Fenchel*
  ✿ *Anis*
  ✿ *Kümmel*
  ✿ *Basilikum*
  ✿ *Dill*
  ✿ *Melisse*

- Tun Sie sich selbst etwas Gutes: Hören Sie entspannende Musik; schlafen Sie, wenn Ihr Baby schläft; lesen Sie ein Buch.

MUTTERMILCH ALS MEDIZIN

Muttermilch zur äußeren Anwendung bei infizierten Wunden zu verwenden ist eine Heilmethode, die wir schon bei den alten Ägyptern finden. So kann die Muttermilch, und ganz besonders das Kolostrum, das Bakterienwachstum in Wunden hemmen. Muttermilch wird auf den entzündeten nässenden Nabel des Neugeborenen geträufelt, auf die wunde Brustwarze oder bei Bindehautentzündung ins Auge. Bei meinen größeren Kindern spritzte ich stets Muttermilch als Erste–Hilfe-Maßnahme ins Auge, um einen Fremdkörper auszuspülen. Muttermilch kann auch auf entzündete Pickel und schlecht heilende Wunden geträufelt werden.

Der Lehrerkristall

Sie haben jetzt über einen Zeitraum von zehn Mondmonaten Ihren Lehrerkristall energetisiert und für Ihr Kind programmiert.

Dieses wertvolle Geschenk kann Ihr Kind das ganze Leben begleiten. Damit es sich nicht am Kristall verletzen kann, ist es sinnvoll, ihn in eine Stoffpuppe oder einen Teddybären einzunähen und in das Bett neben Ihr Kind zu legen. Sie können eine Puppe oder einen Bären kaufen und dementsprechend präparieren, energetisch wertvoller ist jedoch die selbsthergestellte Puppe (oder der selbsthergestellte Bär). Mit Ihrer ganzen Aufmerksamkeit nähen Sie Ihre Liebe in die Puppe. Ihre Mutterliebe wird auf diese Weise in dem Stoff verankert und umhüllt gemeinsam mit dem Lehrerkristall schützend Ihr Kind.

Einfache Anleitungen mit Schnittmustern finden Sie in den Büchern »Die Waldorfpuppe« und »Das Puppenbuch« von Karin Neuschütz, Verlag Freies Geistesleben.

Der Name des Kindes

Ein Name ist Klang und Schwingung. Mit dem Namen erhält ein Mensch seine Identität. Jetzt kann man ihn ansprechen, benennen, sich ein Bild von ihm machen. In früheren Zeiten galten Schmetterlinge als die Seelen von namenlosen Ungeborenen.

Schon bald nach der Geburt sollte ein Kind seinen Namen erhalten. Früher war es üblich, den Namen eines Ahnen weiterzugeben. Oft bekam das Kind auch den Namen eines Heiligen. In Indien werden Kinder gerne nach hinduistischen Gottheiten benannt. Wie auch immer Sie Ihr Kind taufen, die Schwingung des Namens bleibt ein Leben lang erhalten.

Oft erfährt eine Frau bereits in der Schwangerschaft über Träume den zukünftigen Namen Ihres Kindes. Manchmal ist es aber auch wichtig, das Kind zuerst ankommen zu lassen, um dann anhand seines Wesens einen passenden Namen zu finden.

Meditieren Sie vor dem Schlafengehen. Spüren Sie in Ihr Kind hinein. Nehmen Sie sich vor, den Namen Ihres Kindes zu träumen. Das kann während der Schwangerschaft oder auch danach sein. Manchmal erscheint im Traum ein Symbol, das auf einen Namen hinweist. Wenn Sie von einem König träumen, überlegen Sie, welcher Königsname Ihnen spontan dazu einfällt. Eine Blume weist ebenfalls auf einen Namen hin: Rose – Rosa, Rosalie etc.; Kamille – Camilla; Blume allgemein – Flora usw. Schauen Sie sich auch einmal die botanischen Bezeichnungen nach, dies könnte auch zu einem Namen führen. Träume von Glück könnten auf die Namen Felix (lat. für »glücklich«) oder Beatrix (lat. für »glückselig«) schließen lassen. Ein Engel im Traum könnte auf folgende Namen hinweisen: Raphael(a), Gabriel(a), Michael(a), Angelika, Angelina etc.

Wenn Sie Ihren Traum nicht gleich deuten können, schreiben Sie ihn am besten auf, und lesen Sie ihn gemeinsam mit Ihrem Partner, um sich zu zweit inspirieren zu lassen.

Trage ich mein Kind?

Das Affenjunge hängt am Bauch der Mutter, die sich von Ast zu Ast schwingt. Auch der menschliche Säugling zählt zu den sogenannten »Traglingen«. Schon seit Beginn der menschlichen Stammesgeschichte trugen unsere Vorfahren die Säuglinge ständig mit sich herum. Damals war das Spüren der Abwesenheit der Betreuungsperson eine lebensbedrohliche Situation. Dies hat auch heute, in unserer modernen Gesellschaft, noch seine Gültigkeit.

Wenn der Säugling in einem separaten geräuscharmen Raum erwacht, in dem er von allen Aktivitäten seiner Familie abgeschottet ist, versucht er durch einen »Kontaktlaut« eine Antwort seiner Betreuungsperson, vorzugsweise seiner Mutter, zu erhalten. Geschieht dann nichts, ist er beunruhigt und fängt an zu weinen. Nimmt man das Kind dann auf den Arm und schaukelt es leicht hin und her, weiß es, daß es beschützt und geborgen ist, und die Verlassenheitsangst schwindet. Selbst ältere Kinder, die weinen, nimmt man intuitiv auf den Arm und wiegt sie, um sie zu trösten. Auch einem erwachsenen Menschen tut es sichtlich gut, wenn er in einer Trauersituation in den Arm genommen und leicht gewiegt wird.

Körperkontakt ist wohltuend für Ihr Kind. Wenn es eng an den Körper von Vater oder Mutter angeschmiegt die Bauchgeräusche und die Herztöne mit ihrem beruhigenden, gleichmäßigen Rhythmus hört, erinnert es sich an die sichere Zeit im Mutterleib.

Das Kind kann ganz genau unterscheiden, von wem es getragen wird. Es riecht und hört den Unterschied zwischen Vater, Mutter oder Großeltern. Mit allen Sinnen nimmt es seine Umgebung wahr. Die Geräusche seiner Umwelt sind nicht etwa beunruhigend – es kennt sie ja schon aus vorgeburtlicher Zeit – sondern wirken im Gegenteil beruhigend. Absolute Stille dagegen kann durchaus bedrohlich wirken. Immer wieder stellte ich fest, daß ich meine Kinder während des Staubsaugens nicht vor dem Lärm schützen mußte, sondern daß meine Körperbewegungen und die lauten Geräusche beruhigend wirkten. Auch die Geschwisterkinder müssen nicht auf Zehenspitzen durchs Haus schleichen, der Säugling lernt die vertrauten Stimmen zu unterscheiden und spürt, daß sie zu seiner Familie gehören und daher Sicherheit bedeuten.

Schon vom ersten Tag an kann ein Kind im Tragetuch getragen werden. Das Tuch paßt sich ideal dem Körper an und verursacht auch keine Haltungsschäden beim Kind, wie oft vermutet wird. Lassen Sie sich von Ihrer Hebamme zeigen, wie das Tuch gebunden wird. Tragesitze sind für die Hüftgelenke und den Rücken des Babys weniger zu empfehlen. Im Winter verschwanden meine Babys im Tragetuch immer vollständig unter meinem Mantel und hatten es dadurch auch immer schön warm.

Für die Eltern hat das Tragen am Körper den Vorteil, daß das Kind stundenlang schläft, während sie selbst die Freiheit haben, sich nur wenig eingeschränkt um ihre eigenen Belange und Bedürfnisse zu kümmern. Kein sperriger Kinderwagen muß mitgeschleppt werden, beide Hände sind frei, so daß man ältere Geschwister an der Hand führen oder mit Freundinnen Tee trinken kann. Selbst Kinder, die viel schreien, sind am Körper sofort ruhig und schlafen ein.

Natürlich können Sie Ihr Kind nicht 24 Stunden am Tag herumtragen. Dennoch sollten Sie das Bedürfnis des Kindes nach Berührung, Umarmung und Festhalten nach Möglichkeit befriedigen. Lassen Sie Ihr Kind z.B. in Ihrem Bett ganz nah an Sie gekuschelt schlafen. Auch Sie selbst brauchen das Zwischendurch-Schlafen, um wieder zu Kräften zu kommen. Immer wieder sollten Sie den Haut-zu-Haut-Kontakt herstellen. Legen Sie sich zum Stillen nackt ins Bett, und legen Sie Ihr ebenfalls nacktes Baby ganz an Ihren Körper. Streicheln Sie die Haut des Kindes, es wird die Liebkosungen sichtlich genießen.

Auf eine Kinderbadewanne können Sie übrigens getrost verzichten. Das Baden ist bei uns bis heute ein Familienritual. Die größeren Geschwister können mit in die Wanne, oder der Papa liegt mit dem Baby entspannt und genußvoll im Wasser. Das sind dann oftmals die schönsten Momente des Tages. Unter einer Wärmelampe kann dann das Kind nach dem Bad eingeölt und massiert werden.

Das Pucken

Das feste Einwickeln des Kindes in Bandagen und Tücher, das Pucken, ist ein uralter Brauch, der indogermanischen Ursprungs sein soll. »...et pannis eum involvit, et reclinavit eum in praesepio« (»...und wickelte ihn in Windeln und legte ihn in eine Krippe«), so schrieb der Evangelist Lukas in seiner Schilderung über die Versorgung des neugeborenen Jesus im Stall zu Bethlehem (Lukas 2,1–14). Griechischen Ärzten war das Einwickeln des Rumpfes und der Glieder des Säuglings in wollene Binden ebenfalls bekannt, wie dem Werk »Gynäkologie« von Soranus von Ephesus (100 n. Chr.) zu entnehmen ist. Die älteste bekannte Darstellung ist auf dem Relief der Trajanssäule in Rom zu finden: Eine dakische Mutter (Daker: Volksstamm an der unteren Donau) trägt einen in Binden eingewickelten Säugling in einer Mulde hoch auf dem Kopf im Zug der verschleppten Gefangenen.

Auch bei den Indianern war das Einwickeln üblich. Einen großen Teil des Tages verbrachte das Kind in der Tragwiege, die in der Regel aus einem Rückenbrett aus leichtem Holz oder einem gespannten Rahmen aus geflochtenen Weidenruten angefertigt war. Auf diesem Rückenteil wurde ein Beutel aus Wildleder oder Büffelkalbfell befestigt, der vorn zu schnüren war. Der Säugling wurde darin fest verschnürt; nur das Gesichtchen schaute durch eine Öffnung heraus. Dabei wurde besonders darauf geachtet, daß die Glieder gerade lagen. War der Beutel mit einem Trageband versehen, konnte die Mutter ihr Kind so verstaut überallhin mitnehmen. Bei großen Wanderungen wurde das Kind seitlich ans Packpferd gehängt.

Manchmal wurde über dem Kopf des Säuglings ein Bügel befestigt, an dem verschiedene Gegenstände hingen. Zum Teil waren es Dinge, die das Kind vergnügen sollten, aber auch Zauberamulette, die dazu bestimmt waren, Unheil vom Kind fernzuhalten. Darunter waren oft ein Beutel mit der getrockneten Nabelschnur des Kindes oder ein Traumfänger, ein Ring mit spiralförmigem Geflecht, wie ein Spinnennetz. Wie die Spinne alles in ihrem Netz fängt, so sollte der Traumfänger alles Negative abfangen und vom Kind fernhalten.

Vielen kommt dieses Einwickeln barbarisch vor. Das Kind fühlt sich jedoch sicher und geborgen, wenn es klare Grenzen spürt. Anstatt verloren und grenzenlos in einem großen Kinderbett zu liegen, hat es ein dem im Mutterleib Eingehülltsein ähnliches Gefühl. Gerade bei unruhigen Kindern mit Bauchweh und Einschlafschwierigkeiten kann die feste Wickelweise des Puckens zur Beruhigung führen. Sie benötigen dazu eine feingestrickte Wolldecke (alternativ dazu Baumwolle), die circa 80 x 80 Zentimeter mißt. Der Säugling wird darin auf folgende Weise gewickelt (vgl. Abb. Seite 267):

1. Die Wolldecke wird ausgebreitet und das obere Ende eingeschlagen (Abb. 1).
2. Das Baby wird auf die Decke gelegt. Das Köpfchen liegt dabei auf dem eingeschlagenen Ende. Arme und Beine sind gestreckt (Abb. 2).
3. Das untere Ende wird über den Körper des Kindes nach oben zu dessen rechter Schulter gezogen und unter die Schulter geschlagen. Die Ärmchen liegen dabei am Körper (Abb. 3).
4. Die linke Kante der Decke wird sehr fest über das Baby gezogen und unter den Körper eingeschlagen (Abb. 4).
5. Die rechte Kante der Decke wird straff über das Kind gezogen und das Ende hinten in die untere Öffnung gesteckt (Abb. 5).

Beim Pucken ist das feste Wickeln ausschlaggebend. Wenn die Decke zu locker sitzt, wird das Kind bald seine Ärmchen befreien und das Gebinde lösen. Das Pucken soll auch dabei helfen, zu verhindern, daß das Baby durch seine eigenen Bewegungen aufwacht. Das eingepuckte Kind kann nun in eine Wiege gelegt werden.

Abb. 1

Abb. 2

Abb. 3

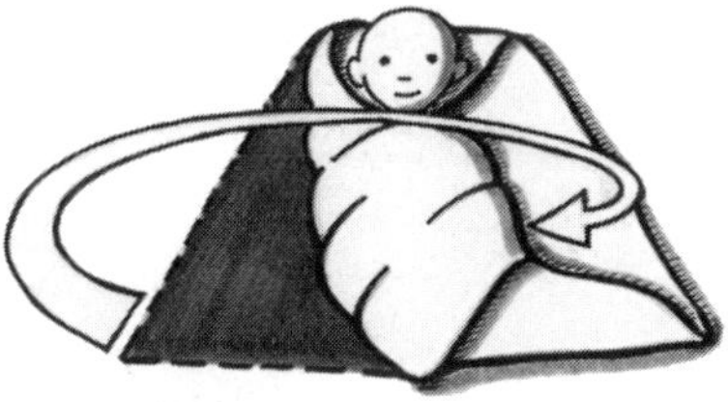

Abb. 4

Abb. 5

Von der Decke hängen

In Asien ist es bis heute üblich, Säuglinge in Tüchern aufzuhängen. Dadurch haben sie sowohl die enge Begrenzung des Tuches als auch eine leichte, beruhigende Schaukelbewegung. In einer Kinderkrippe in Asien erlebte ich mindestens zehn hängende Babys, die friedlich schliefen, während 20 größere Kinder laut spielten. Bei meinem letzten Kind habe ich ebenfalls die Hängemethode angewandt, um das Baby tagsüber schlafen zu legen. In der Nacht waren jedoch alle meine Babys stets bei mir im Bett.

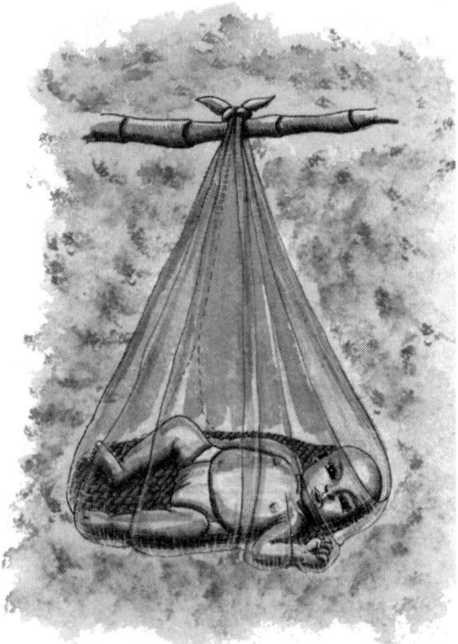

Kleidung, unsere zweite Haut

Nichts ist unserer Haut so nahe wie unsere Kleidung. Kleider und ihre Farben wirken nicht nur auf die empfindliche Babyhaut, sondern im besonderen auch auf den feinstofflichen Körper. Deshalb ist es besonders in den ersten Wochen und Monaten nach der Geburt wichtig, die richtige Kleidung für das noch sehr zarte Erdenwesen zu wählen.

SEIDE

Die Seidenraupe spinnt einen Seidenfaden um sich und hüllt sich in diesen schützenden Kokon, um auf ihre Verwandlung zum Schmetterling zu warten. Die Seide verwandelt die Raupe, der weiße Sonnenstrahl hat in der Seide Gestalt angenommen. Seide ist daher das Gewand des sich entfaltenden Menschen. In Seide gehüllt kann der Mensch sein Inneres in der Sonne aufblühen lassen und dem Licht entgegengehen. Seide ist Licht, der Seidenfaden ein Sonnenstrahl.

Die beschützende Wirkung, die Seide für die Schmetterlingsraupe hat, spendet auch dem Neugeborenen Ruhe und Geborgenheit. Die Einflüsse unserer hektischen Zeit werden so wohltuend abgemildert.

Im Sommer kühlt Seidenstoff, und im Winter hält er warm. Die Unterwäsche und die Kopfbedeckung des Neugeborenen sollten deshalb aus naturbelassener Seide sein, im Sommer ebenfalls die Oberbekleidung. Seide erhellt den Lichtleib (Aura) des Menschen.

Wolle

Schafwolle schützt und umhüllt das Neugeborene in der kalten Jahreszeit. Sie stärkt den Wärmeorganismus. Wolle beruhigt und schenkt einen erholsamen Schlaf. Das Wollfett ist reine Wärme und vermittelt Heilkräfte aus dem Geistigen. Die Schafwolle verhilft zu Gedankenruhe. Eingehüllt in Wolle schläft das Neugeborene einen ruhigen Schlaf, es wird in Sphären geführt, wo es von Engeln begleitet wird.

Baumwolle

Baumwolle ist eine kalte Faser, die dem Menschen nicht so gut wie Seide und Wolle entspricht. Lediglich im heißen Sommer kommen dem Neugeborenen ihre kühlenden Eigenschaften zugute. Auch hier sollte auf biologisch angebaute Qualität geachtet werden, da in konventionell angebauter Baumwolle Gifte eingelagert sind (zum Beispiel von Entlaubungsmitteln).

Farben

Hellblau, Lila und Rosa sind die Farben der Seele. Nicht ohne Grund war die Babybekleidung früher rosa und hellblau. Hellgelb und Weiß sind die Farben des Geistes. Unruhige Kinder können mit einem hellgelben Vorhang aus Seide über ihrem Bettchen zur Ruhe kommen.

Grelle, kräftige Farben sind für Neugeborene nicht geeignet. Ihre aktivierenden Eigenschaften sind zu intensiv und führen zu innerer Unruhe.

Nachwort

Wenn ich Sie, liebe Leserin, während eines wichtigen Lebensabschnitts begleiten durfte und Ihnen Ihre Spiritualität und Ihre kraftvolle Weiblichkeit ins Bewußtsein rufen konnte, hat mein Buch seinen Sinn erfüllt. Folgen Sie Ihrem Herzen, wenn Sie unsicher sind oder Fragen offenbleiben. Ein neues Zeitalter ist angebrochen, in dem eine kraftvolle weibliche liebevolle Spiritualität eine große Rolle spielt und kraftvolle liebevolle Frauen einer neuen Generation von Kindern das Leben auf Mutter Erde ermöglichen. Diese Kinder sind unsere Zukunft und unsere ganze Hoffnung.

ZEICHENVORLAGE LEBENSBAUM

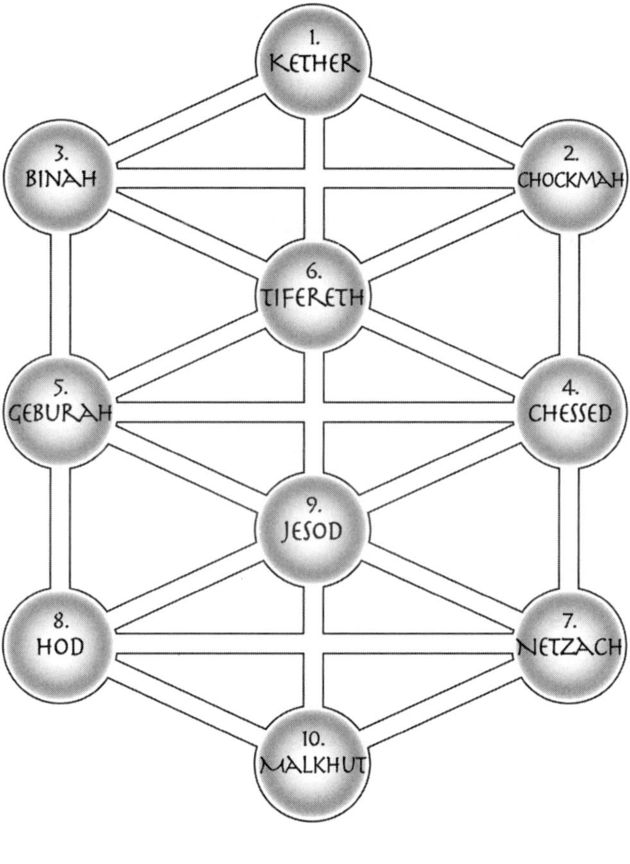

Weitere Bücher der Autorin im Schirner Verlag:

Iris Rinkenbach • Bran O. Hodapp

Weiße Magie
Spirituell das Leben meistern

ISBN 3-89767-410-6

Iris Rinkenbach • Bran O. Hodapp

Das große Buch der Drachen

ISBN 3-89767-112-3

Iris Rinkenbach • Bran O. Hodapp

Magischer Gegenzauber
Ein Lehr- und Arbeitsbuch zum Schutz vor negativen Energien

ISBN 3-89767-069-0

Iris Rinkenbach • Bran O. Hodapp

Gegenzauber-Set
inkl. Schutz-Amulett aus Zinn/Zink

ISBN 3-89767-070-4